그 시절,
그리고 감사

박용수

하나님의 사람을
만들어 가는 엘맨
ELMAN

그 시절, 그리고 감사

초판 1쇄	2024년 4월 10일
지은이	박용수
펴낸이	이규종
펴낸곳	엘맨출판사
등록번호	제13-1562호(1985.10.29.)
등록된곳	서울시 마포구 토정로 222
	한국출판콘텐츠센터 422-3
전화	(02) 323-4060, 6401-7004
팩스	(02) 323-6416
이메일	elman1985@hanmail.net
	www.elman.kr

ISBN   978-89-5515-756-7   03230

값 15,000 원

그 시절,
그리고 감사

박용수

하나님의 사람을
만들어 가는 엘맨
ELMAN

차례

축시

나의 고백

1974년
첫 주에, 당신을
만난 순간부터 설렘에 이끌려
여기까지 왔네

첫 정에 사립문 닫고
오직 둘만의 속삭임은
날개 돋치듯 하늘로 올라가고
세상의 껍데기는 자꾸만 벗겨져
울타리 밖에서 한없이 울고 있지만
내 귀엔 하나도 들리지 않았네

삭힐수록
신기한 오묘함이여
아무리 퍼내도 마르지 않는

기쁨의 샘물이여, 먹고 마시며
정결한 그리스도의 처녀가 되리라
골고다 산성의
진한 사랑을 안 지 50년
이 날을 기념하며 이 책으로
주님의 손에 반지를 끼우다

시작노트
박용수 장로님은 순수하고 진실하여 그의 삶에서 향기가 나
는 모습을 스케치하여 글을 썼다.

송기봉 장로 시인
1999년 월간 〈문학세계〉, 〈오늘의 크리스찬문학〉 시 등단
2000년 창작수필 수필등단
2001년 문학사랑 소설등단
　　장편소설 하얀 눈 위에 발자국

글을 시작하며

한탄강이 유유히 흐르는 곳. 그곳에 내가 평생 잊을 수 없는 금춘교회가 있다. 주께서 경기도 연천군 전곡읍 신답리에 세우셨다. 육십여 가구가 집단 부락을 이룬 마을 뒷산 작은 교회다.

신답리는 휴전선이 지척에 있는 전방 지역으로 지금의 금춘교회는 십여 년 전 군인들이 세운 성전이다. 새 성전을 올릴 때 옛 흔적을 남겨뒀지만 이후 몇 차례 증축과 수리를 거치며 옛 금춘교회 모습은 완전히 사라졌다. 그렇지만 교회 터는 그대로다.

나는 이 교회에서 예수님을 만났다. 그 사랑, 그 은혜, 그 고난, 지금의 이 축복에 너무 감사해 간증을 쓰려한다. 예수를 전혀 모르는 분, 예수를 아는 분, 알지만 믿지 않는 분, 진리를 알고 예수를 믿는 분 등 어떠한 부류의 사람이든 이 간증을 끝까지 읽고 믿음 생활에 힘이 되고 변화가 있기를 기도한다.

1부

주의 부르심

주의 부르심

1973년 12월. 어느 추운 날. 상덕이네 초가집 지붕이 한탄강 강바람에 날아갔다. 우리 집에서 4백여 미터 떨어진 상덕이네 초가집 지붕이 날아 가 버리는 바람에 나와 예수님과의 인연이 시작됐다. 나는 그때 군에서 나와 어머니와 여동생, 그렇게 셋이 살고 있었고 친구 상덕이는 하사관으로 장기복무를 지원한터라 군에 복무중이었다.

친구의 아버님은 몇 해 전 삼판에서 사고로 크게 다쳐 돌아가셨고 동생 몇 있으나 돈벌이로 객지에 나가 살고 있었다. 상덕이 집에는 상덕이 막냇동생과 상덕이 어머님 둘만 살고 있는 어려운 형편이었다.

이쯤에서, 상덕이와 우리 집의 관계를 적어볼까 한다. 내 고향은 강원도다. 우리 집은 인제군 남면 신남리, 친구네는 어론리로, 십여 리 떨어진 동네에서 살다가 같이 이주한 동향 사람이다. 나도 상덕이도 몇 해 전 아버지를 잃고 우리 집은 소작농으로, 친구네는 군부대 뒤에서 군인을 상대로 장사를 해 생계를 유지했다. 서로 가난하기가 비슷해 극빈에 가까웠다. 그 어려운 형편에 상덕이네 초가지붕이 날아갔다. 지금이나 전이나 한탄강의 바람은 맵고 세기가 여간 아니다.

새벽 종이 울렸네 새아침이 밝았네.

너도 나도 일어나 새마을을 가꾸세

살기좋은 내 마을 내손으로 가꾸세

-새마을 운동가-

1973년, 대한민국은 "새마을 운동"이 한창이었다. 새마을 운동 중에 시골 초가지붕을 슬레이트 지붕으로 바꾸는 사업도 있었는데 지붕이 날아간 상덕이네에 꼭 필요한 사업이었다. 상덕이 어머님은 지붕 바꾸기 운동을 신청했다. 지붕이 날아간 집에 살 수 없으니 얼마나 다행이었는지!

상덕이 어머님은 한탄강 바람에 날아간 초가지붕 대신 신식 슬레이트 지붕으로 올리신다며 슬레이트를 어렵게 구하셨다. 구하긴 구하셨는데 그 슬레이트가 상덕이네 집까지 못 올라간단다. 가난한 마을에 차가 들어올 만한 길이 없었기 때문이다. 슬레이트를 싣고 온 차는 우리 집 앞에 슬레이트를 그냥 내려놓고 가 버렸다. 지붕 없이 지낼 수 없으니 누군가, 그중에도 특히 내가 슬레이트를 옮겨야 했다.

그래서 나는 친구 어머님을 돕기로 하고 손수레를 빌려 슬레이트를 나르기 시작했다. 가까운 거리지만 변변한 길이 없으니 얼어붙은 논바닥을 거쳐서 가야 했다. 슬레이트를 손수레에 싣고 논바닥과 논두렁을 무너뜨려 만든 가파른 언덕길을 힘겹게 오르내렸다.

슬레이트를 여러 차례 반복해서 옮기다 보니 요령이 붙어 제법 속도가 났다. 줄어들 것 같지 않던 슬레이트 더미의 바닥이 보이기 시작했다. 거의 다 나른 후 이제껏 싣고 다녔던 수량보다 석 장 정도 더 남기에 또 오가기가 그렇고 해서 모두 다 싣고 가기로 했다. 낑낑 거리며 상덕이네 집 앞에 거의 다 도착했을 때다. 이제 언덕만 내려가면 끝인데 바로 거기서 사고가 났다.

슬레이트 묶음이 손수레 앞으로 쏠리면서 내리막길을 손수레와 함께 굴렀다. 손수레 핸들에서 빠져 나오지 못한 나는 바퀴에 깔리지 않았지만 수레에 휩쓸려 끌리면서 슬레이트에 종아리를 세게 맞았다. 그리고 손수레 핸들에 오른쪽 발등이 눌리며 크게 넘어졌다. 피를 철철 흘린 채 손수레에 깔려 있

던 나를 동네 친구들이 업고 병원으로 달렸다.

전곡읍 병원에 도착하자 상처를 본 의사는 X레이를 찍자고
했다. 검사 결과 뼈에는 큰 이상이 없으나 타박 정도가 심하
다며 깁스를 하잔다. 아픈 다리에 깁스를 하고 처방해준 약을
받아 집으로 돌아왔다.

집에 돌아와 정신을 차리니 안 아픈 곳이 없다. 꼼짝을 못
하고 열흘이 지났다. 상처가 낫기는커녕 아프고 괴롭기가 매
일 더해갔다. 발등 부위의 부기가 빠지지 않아 고통의 정도가
점점 심해져 분노와 원망으로 변하기까지 했다. 이러다 영영
다리를 못 쓰면 어쩌나.

이 와중에 금춘교회에서 심방이라며 목사가 매일 같이 찾아

왔다. 농한기라도 할 일이 많은 소작농이 스무날 가깝게 누워만 있어 속이 터질 지경인데 예수쟁이가 찾아와 하나님을 찾으며 기도를 하니 기가찼다.

금춘교회는 어머니가 다니는 교회다. 몇 년 전부터 집에서 이십여 분 거리에 있는 금춘교회에 상덕이 어머님과 열심히 출석하기 시작하셨다. 두 분 모두 육십 대 초반으로 앞서거니 뒤서거니 남편을 보내고 교회라는 곳을 다니기로 하셨나 보다.

그 전 까지는 일 년에 한두 번씩 절에 나가셨는데 아버지가 돌아가시자 절 말고 교회를 다닌다기에 절이고 교회고 나는 관심 밖이라 그러시라고 했다. 그런데 농촌 일이란 시기를 놓치면 안 되고 두 사람의 손이 필요할 때가 종종 있어, 특히 주일에 어머니 없이 혼자 들 일을 할 때면 무작정 교회와 얼굴도 모르는 목사, 그리고 어머니를 원망하기 일쑤였다.

주일마다 원망했던 그 금춘교회 목사가 매일 찾아와 아픈 다리를 부여잡고 큰 소리 아버지를 찾으며 울부짖다 가니 마음이 묘했다.

금춘교회 목사는 사십대 초반의 젊은 목사로 오른 팔이 없어 의수를 하고 있었다. 몸 쓰는 일이 많은 시골에서 목사로 지내기에 많이 불편할 것 같았다. 교회에서 매일 같이 찾아오기를 보름쯤 되었을까. 목사라는 사람이 그 날은 기도 말고 다른 이야기를 꺼냈다.

"침을 잘 놓는 장로님이 통현리에 계신다니 오늘은 침을 맞으러 갑시다."

하며 누워 있는 내게 등을 내밀었다. 다리가 아파 거동도 못하는 나를 업고 버스가 다니는 곳까지 가겠다는 것이다.

한 팔이 의수인 40대 목사가 20대 청년을 등에 업고 시골길을 걸어 버스 정거장을 가는 길. 한 쪽 허벅지에 딱딱한 의수의 촉감을 느끼며 나는 깊은 생각에 잠겼다.

'한 팔만 멀쩡한 이분이 생면부지 나를 업고 이 먼 길을 걸어가는 이유는 무엇일까. 예수 믿으라는 말 말고는 별다른 이야기도 없으면서 왜 이 고생인가.'

버스 정거장이 있는 신답리 마을까지 와서 하루에 네 번만 오는 버스를 기다려 차에 올랐다. 버스를 타고 30분 정도 가서 내렸다. 목사는 나를 다시 업고 통현리 시내의 그 장로라는 사람이 하는 한의원으로 데려갔다.

목사에게 장로라는 사람을 소개받았다. 장로라는 사람은 무심한 듯 진맥을 하더니 별 말 없이 깁스한 것을 모두 가위로 잘라냈다. 그리고 그 부은 상처 부위에 대뜸 침을 놓기 시작했다.

잎침으로 여러 곳을 찔러서 피를 뺐는데 검은 피가 많이 나왔다. 한참을 피를 빼고는 그 자리에 부황을 떠 또 피를 빼고, 잠시 쉬었다가 동침으로 뼛속까지 깊게 찔러 다시 피를 뽑아냈다. 그러기를 여러 차례 반복했다. 중간 중간 10여 분씩 쉬었다가 다시 하기를 두 세 시간.

그러더니 내게 와 이제 한번 일어서서 다리에 힘을 주고 걸어보라고 하는 것이 아닌가. 이십여 일을 고통 속에서 누워 있기만 했는데 일어서라고? 다리에 감각도 없는데?

내 다리인지 썩어가는 통나무인지 구별도 안 되는 다리로 일어나라 하기에 쓰러지면 그만이지 하는 마음으로 일어나는 시늉을 하며 힘을 주었다.

아니 이게 웬일인가? 오른쪽 다리에 힘이 들어가는 것이 아닌가! 아프긴 하지만 발이 바닥에 디뎌지고 힘을 주니 절뚝거리며 걸을 수 있었다.

지금의 믿음 같으면 "할렐루야! 아멘! 할렐루야! 아멘!" 외치며 기뻐했을 텐데, 바보처럼 웃으며 이리저리 걷기만 했다.

일침이약이라더니, 이런 경우를 두고 하는 말인가! 아침에 목사 등에 업혀 갔던 나는 절뚝거리며 지팡이를 짚고 버스를 탈 수 있었고 신답리부터는 동네 친구들 도움을 받으며 집까지 걸어서 왔다. 그 후 몇 번을 더 통현리로 가 장로라는 이의 침을 맞아 완전히 정상으로 회복되었다. 다리와 발등에 흉터는 남았지만 걷고 뛰는데 큰 문제가 없었다. 상덕이네 지붕을 고치려다가 발등을 다치고 한 달 여를 고생한 것은 다 잊고 그저 기쁜 마음뿐이었다.

그 날 이후 이웃집 상덕이 어머님도 나의 어머니도 끈질기게 교회에 다니자고 조르기 시작하셨다. 하지만 나는 이미 그

날 교회라는 곳을 다니기로 결심했다. 허벅지에 닿는 목사님 딱딱한 의수를 느꼈던 그날. 그것은 바로 목사님의 나를 향한 사랑이라고. 조건 없는 그 사랑을 외면한다면 나는 인간이 아니다, 라고 다짐을 하면서 말이다.

교회로! 말씀으로!

1974년 1월 첫째 주일, 대한예수교 장로회(합동측) 경기북노회 소속 금춘교회에 어머니와 함께 출석했다. 무척 추운 날씨였다. 새 옷을 살 여유는 없었지만 가장 깨끗한 옷을 입고 한 손에 어머니의 성경책을 들고 다른 한 손은 어머니의 손을 잡고 교회에 갔다.

목사님과 10여 명의 성도들이 환하게 웃으며 맞이해 주셨다. 특히 나를 업고 먼 길을 걸으셨던 박운성 목사님은 바깥까지 달려 나와 반기셨다. 오랜 세월 금춘교회를 지켜오신 박순애 권사님께서 나의 교회 방문을 진심으로 기뻐하셨다. 그렇게 신앙생활을 시작했다.

(왜 신답리에 금춘교회가 세워졌는지 궁금하시죠? 1960년대 중반 당시 이 지역 국회의원 오치성씨가 한탄강에 펌프시설과 수로를 설치하면서 안전 댐을 만들었습니다. 그 시설을 건설하기 전 이 곳 지명이 금춘리였기 때문에 금춘교회가 됐

다고 합니다.)

　처음 두어 달은 교회의 예배, 기도, 찬송이 익숙하지 않아 적응하기 어려웠다. 마음 같아서는 나를 그토록 사랑 해 주신 목사님의 말씀이 귀에 쏙쏙 들어오는 것이 맞겠으나 그렇지 않았다. 무슨 예배가 그리 많은지, 매일 가야한다는 새벽예배, 수요예배, 금요 철야예배, 가정예배에.. 바쁜 시간을 쪼개 교회에 갈 자신이 없어 주일예배만 무조건 가자고 결심했다. 아무리 낯설고 힘들어도 주일예배는 반드시 지켰다. 그러나 말씀도 찬송도 도무지 좋아지지 않고 그저 앉아 있다가 오는 날이 계속됐다.

　그러던 어느 주일, 목사님 설교 말씀 중 히브리서 4장 12절, "하나님의 말씀은 살아있고 활력이 있어 좌우에 날 선 어떤 검보다 예리하여 혼과 영과 및 관절과 골수를 찔러 쪼개기까지 하며 또 마음의 생각과 뜻을 판단하나니"라는 구절이 내 귀에 들어왔다.

　하나님의 말씀이 힘이 있다니! 살아 있는 힘이라고 하니 그 말씀이 참으로 그런지 알고 싶었다. 몹시 궁금해졌다. 그리고 그 궁금함은 곧 내 마음에 강한 깨달음을 주었다.

　'그렇다! 이렇게 목석같은 내가 그 말씀으로 궁금한 마음이 생겼으니 살아 움직이게 하는 힘이 있다는 말씀이 맞다! 그렇구나, 하나님의 말씀은 살아 있고 참으로 활력이 있구나!'

　아직 농사를 시작하기 전 농한기이니 성경을 창세기부터 요한계시록까지 정독해 보기로 결심하고 바로 읽기 시작했다. 교회를 다니기 시작하면서 가죽으로 된 새 성경책을 샀기에 더욱 읽고 싶은 마음이 생겼다. 창세기부터 읽기로 하고 첫 장을 펼쳤다.

대체 이게 다 무슨 말인가. 처음에는 이해하기 어려웠다. 흰 종이 위에 빽빽한 글자만 있을 뿐 의미를 찾을 수 없었다. 믿 어지지 않는 이야기만 있다. 이해 할 수도, 알아들을 수도 없 다. 그렇지만 이 말씀에 힘이 있다고 하지 않는가!

읽기로 결심했으니 무작정 읽고 또 읽었다. 그런데 참 신기 한 것이 읽다 보니 재미있고 흥미로운 내용이 눈에 들어오기 시작했다. 아무 내용 없이 글자만 따라 읽어 가던 눈이 다음 구절을, 다음 장을, 다음 권을 기대하기 시작 한 것이다. 하나 님과 예수님이 점점 더 내게 다가오며 가까워지고 있다는 확 신이 들었다.

그렇게 막무가내로 성경을 읽다가 이해가 어려운 부분이 나오면 바로 목사님을 찾아가 궁금한 것을 물어보았다. 전화 도 없던 시절이니 찾아뵙고 묻는 것 말고는 방법이 없었다. 그 렇게 하기를 십여 차례.

목사님은 밤이고 낮이고 성경책을 들고 문을 두드리는 내 게 성경을 이해하기 쉽게 풀이한 주석이란 책이 기독교서점 에 있다고 하셨다. 기독교 서점? 교회 책만 파는 서점이라고? 교회 책만 파는 서점이 있을 정도로 교회 책이 많은가? 서점이라 곳을 생전 가 본 적 없는 내가 기독교 서점이라는 곳을 가야 한단다. 그 시절만 해도 전곡읍에 기독서점이 없었다. 그렇다면 동두천이나, 의정부까지 나가야 하는데 그럴 바에는 서울로 가는 것이 낫다고들 했다.

서울 종로5가에 큰 기독서점이 있다고 하기에 쌀을 팔아 현금 3만원을 준비했다. 당시 쌀 한 가마(80kg)가격이 5천원 정도였으니 적은 돈은 아니었다. 내가 책을 사러 간다며 쌀을 팔아 돈을 마련하니 어머니께서 놀라셨다. 왜 저러나. 그러나 말리진 않으셨다. 동네 사람들도 마을 일에 열심이고 새마을 운동에도 앞장서는 박용수가 금춘교회를 다니기 시작하면서 주일이면 교회 맨 앞 자리에 앉아 열심히 예배를 하니 벌써 눈치가 달라졌다. 그런데다 소작농군이 쌀을 팔아 성경을 사러 서울을 간다니 난리가 났다. 그래도 돈을 마련하고 서울로 가는 길은 기쁘고 설렜다. 살아있고 힘이 있다는 성경을 더 알고 싶은 마음에 돈이 아까운 줄도, 시간이 흐르는 것도 몰랐다.

3만원을 소중히 품고 촌놈이 경원선 열차를 타고 성북역까지, 시내버스를 타고 물어물어 종로 5가 기독서점에 도착했다. 넓은 매장에 들어가니 너무도 좋은 믿음의 서적이 가득 진열되어 있었다. 세상에 이 많은 책들이 말씀 책이란 말인가!

우선, 박윤선 박사님이 쓰신 주석 신약 8권을 고르고(2만원) 성경책도 좋은 가죽 장정본으로 마련했다. 그리고 전도지도 낱장으로 이것 저것 몇장 사니 가지고 간 3만원 정도의 돈이 차비밖에 남지 않았다. 어렵게 마련한 큰 돈이 순식간에 사라졌다. 그렇지만 돌아오는 기차 안에서 전도지를 보니 너무 좋았고 가죽성경을 사니 더 좋았다. 비록 돈이 없어서 신약 8권밖에 구입하지 못했지만 주석을 보니 그 무엇보다 기쁘고 행복했다.

말씀으로 거듭난 새 삶

이렇게 열심히 성경에 깊은 관심을 갖고 공부하다 보니 자동으로 나는 변하고 있었다. 즐기던 고스톱 화투방, 술, 술친구도 점점 멀어졌다.

그리고 우리 주님, 나의 예수님이 내 마음 속에 가까이 계심을 느끼게 되었다 .나의 변화를 가장 가까이 느낀 어머니 이춘란 집사님이 누구보다 좋아하셨다. 별로 말이 없으시고 성격이 원만하신 어머니와의 나 사이에 예수님이 계셨기에 힘들고 고된 농사일을 하면서도 즐겁고 기쁨이 가득했다.

교회를 나가기 시작했던 그 시절, 1974년 우리 집 형편은 아주 그야말로 형편이 없었다. 빈곤하고 가난했다. 강원도 인제에서 화전을 일궈 농사를 짓던 부모님은 1970년 초, 화전민 일제 정리라는 정부 방침에 따라 고향을 떠나야 했다. 그래서 이곳 연천 신답리에 정착했다. 연천은 화전을 함께 일구던 동네 사람들, 주변 친척과 뜻을 합해 이사 나온 타지였다.

신남으로 나와 고등학교를 다니던 나는 집안이 어려워 학교를 중퇴하고 어린 나이에 서울 등 객지를 떠돌며 생활했다. 집으로 가끔 연락을 하다가 군에 입대 할 나이가 되던 1971년 이곳으로 내려와 농사를 돕고 지냈다. 1972년 6월에 입대하라는 육군 입영통지를 받았기 때문이다. 집으로부터 입영통지서가 왔다는 연락을 받고 돌아와 군 입대를 기다리는데 입대 날짜를 한 달 남겨놓은 5월, 아버지께서 급환으로 돌아가셨다. 하룻밤 만에 갑자기 돌아가셔서 손쓸 겨를도, 간병 할 시간도 없었다. 그야말로 황망하게 세상을 떠나셨다.

아버지께서는 남에게는 잘했다고 하지만 가정과 가족에게는 빵점 아빠였다. 외아들의 고등학교 등록금을 뒷집 아들 입학금으로 준 아빠, 매일 술로 세월을 보낸 빵점 아빠. 그렇지만 영정 앞에서 많은 눈물을 흘렸다. 내 등록금을 남에게 준 아버지가 원망스러워 집을 나간 일, 고등학교를 졸업하고 대학에 가겠다는 꿈이 사라졌다는 원망에 아버지와 마주하기 싫은 마음이 떠올랐다.

어린 시절 얼마나 많이 고생을 했는지. 어린 나이에 서울에 올라가 편직공장에서 일하며 지냈다. 편직 일이 어려워 그만두고 유랑극단에 들어갔다. 극단을 따라 전국을 떠돌며 지금으로 말 하면 로드매니저 생활을 했다. 화려한 무대를 뒤에서 지켜보며 돈을 벌었으나 마음에는 기쁨이 없고 그저 하루하루 살아가기 바빴다. 그러다가 입영통지를 받고 다시 연천으로 내려온 것이 1971년이다. 내 나이 스물두 살, 그리고 반 년이 지났을 때 아버지가 돌아가셨다. 아버지 영정 앞에서 많은 생각이 들었다. 어머니와 누님, 어린 여동생을 내가 책임 져야 하는구나. 아버지를 잃은 슬픔보다는 앞으로 살아갈 길이 보이지 않고 캄캄했기 때문이었다. 군대에 들어 가 있을 동안 누가 이들을 돌보나.

그해 6월, 예정대로 입대해서 훈련받고 6개월 복무 후, 부사망, 독자, 생계유지 곤란자라는 명분으로 전역했다. 예수 믿기 2년 전의 일이다. 고등학교도 졸업하지 못한 청년, 변변한 직장도 없이 시골에서 홀어머니와 여동생 그렇게 셋이서 소작을 부치던 가난한 박용수. 그러나 부대에서 집으로 귀가 후 열심히 살았다. 서울로 다시 돌아갈까 하는 마음도 있었지만 가지 않았다. 어머니와 가족을 두고 떠날 수 없었다. 아니. 이곳에서 마음이 편했다. 마음을 정하고 땅을 일구며 살아야 겠다 다짐했다.

내 이름으로 논 밭 하나 없는 소작 농사였지만 내 논 2,000평 내 밭 200평 인 것처럼 남의 땅을 지성으로 경작 했다. 농촌 청년의 모임터였던 4-H 구락부(지, 덕, 노, 체) 활동도 열심히 참여했다. 4-H 구락부 전곡면 연합회장까지 할 정도의 그야말로 모범 청년이었다. 지금도 기억난다, 이런 노래들이.

이 사람 저 사람 상대해도 크로바 친구가 제일이냐
짓궂게(짖궂게) 놀던 어린시절 언제나 후회만 했다오
크로바 생활에 몸을 담고 과제 이수 보람 찼네
젊은이들이여 정신 차려 농촌의 청소년들이여!

"좋은 것을 더 좋게" 라는 슬로건 아래 뭉친 청년회의 활동은 아주 건전했고 농촌 발전에 크게 이바지 했다고 믿는다. 그리고 사실이기도 하다. 그 시절에는 질보다는 양이 우선이었다. 다수확 왕 선발 경진대회가 매년 면, 군, 도 중앙에서 열렸는데 이는 수확량 증대를 단계적으로 실시하여 농업기술 지혜를 모으는 정부 정책이기도 했다.

전곡면 모범 청년 박용수가 교회에 나간다는 이야기가 동네 화젯거리가 되었고 나를 따라서 많은 친구들이 교회에 나오기 시작했다. 그때 그 시절이 금춘교회 부흥의 절정기가 아니었나 싶다. 매 주 삼, 사십여 명의 청장년이 모여 예배를 드렸고 마을 가까이 사단 신병 교육대에서 십여 명의 군인들도 함께 했다.

의수 팔로 나를 업고 한의원에 갔던 박운성 목사님은 복음에 무지한 나를 예수 믿게 한 장본으로 한문에 능통했고 신체의 장애는 있었지만 목회에 사명을 품은 분이었다. 그 해 1974년, 첫 달 첫 주에 첫 예배를 시작으로 열심으로 믿음 생활 하다 학습 받고 같은 해 12월에 세례를 받았다. 세례를 받으며 너무 감사하고 감격하여 많은 눈물을 흘렸다. 다음 해인 1975년에는 총각 서리집사로 임명 받고 교회 일에 앞장서서 일했다. 재정도 담당했다. 금춘교회는 점점 부흥 되며 하나님이 살아 계심을 증거했고 청, 장년의 수가 늘면서 지역에서 든든한 방주로 성장했다.

서리집사로 임명받은 다음 해 인 1976년, 박운성 목사님이 서울에 목회지가 나서 금춘교회를 떠나게 되었다. 무척 아쉬웠고 원망스럽기도 했다. 당시 교회에서 목사님께 드렸던 월 사례비가 이, 삼만 원 정도이니 장차 자녀 교육 등 여러 가지 문제들을 고민 끝에 결정하셨다며 자리가 잡히면 나를 서울로 부르겠다고 약속하셨다. 그리고는 서울 도봉구 상계동의 한 교회로 가신다며 떠나셨다. 수십 년의 세월이 지난 지금도 마찬가지로 농, 어촌 교회의 가장 큰 문제일 것이다.

박운성 목사님이 떠나신 1976년경 성경을 4회 정도 정독했고 은혜 충만, 성령 충만, 말씀 충만, 전도 충만 가운데 교회 생활, 전도 생활에 열심을 다 했다. 종로 5가 기독서점에 자주 들렀다. 전도지를 사서 오가는 길 경원선 열차에서 예수 믿으라고 외치며 나누어 주었다. 나의 마음속에 있는 예수가 너무 좋아 그것을 토설하지 않으면 병이 생길 것 같은 심정이었다.

어느 주일에 예배를 마치고 밖으로 나왔는데 행상을 하는 보따리 장사꾼이 교회 앞에서 책을 팔고 있었다. 얼른 다가가 보니 "한국기독교 백년사"(6권)란 책이 있었다. 기쁜 마음에 구입해서 읽었다.

윌리엄 토마스 선교사님 이야기, 대동강 강변의 전도, 최초의 우리나라 교회 및 조만식 장로, 주기철 목사님 이야기, 신사참배와 산정현교회, 평양신학교, 최봉석 목사님의 예수 천당 불신 지옥의 전도방법, 이기풍, 김익두, 손양원 목사님, 장대현교회의 길선주 목사님, 8.15해방과 한경직 목사님, 소낙비는 우선 피하고 보자 식의 총회에서의 신사참배는 우상숭배가 아니다 라고 가결했던 사건… 등이 기록 돼 있었다. 이 책을 읽으며 하나님께서 대한민국을 오래 전 부터 품고 사랑하셨다는 것을 알 수 있었다.

이렇게 나는 시골 작은 교회에서 기초 신앙을 튼튼히 다져갔다. 성령님이 주신 담대함과 "믿는 자에게 능치 못할 일이 없느니라"는 성경 구절이 머리에 강한 믿음으로 저장되어 있었다. 한길이란 전도지 책자를 보고 마포구 신사동 어느 교회에서 진행하는 통신 신학을 공부하기를 시작해 공관

복음, 요한복음, 사도행전까지 공부를 하면서 말씀의 기초를 세워 나갔다.

1976년 박운성 목사님이 서울로 떠나고 후임으로 육군 대령 출신의 장석인 목사님이 오셨다. 장목사님은 지병으로 요양차 오셨다고는 하나 건강 상태는 양호해 보였다. 마을 사람들과 교회의 관계 개선을 위해 노력하셨고 존경 받을만한 어진 품성으로 금춘교회를 이끄셨다. 대령 출신 목회자로 군부대 등 외적인 활동 범위가 넓어 군 부대가 많은 연천에서 금춘교회는 꾸준히 부흥했다.

예수님을 만난 내 고향 금춘교회가 부흥하는 것이 기뻐 더욱 열심히 신앙생활을 하는데 서울 상계동으로 가신 박운성 목사님으로 부터 편지가 왔다. 1978년 11월이었다.

금식기도 168시간

서울 상계동으로 가신 박운성 목사님의 편지가 왔다. 서울로 떠나신지 2년 만의 연락이었다. 상계동 교회에서 자리를 잡았으니 서울로 올라와 직장을 구해 함께 살아보자는 내용이었다. 이곳에 오면 일 자리도 알선해 주겠다고 적혀있었다. 이 편지를 담임 목사님인 장석인 목사님께 보이니 '땅 한 평 없이 남의 땅 빌려서 소작 농사를 하는 처지의 박집사가 서울로 가는 것이 미래를 여는 길이긴 하다.

그러나 금춘교회에서 박집사가 떠나면 빈 자리가 클 것 같다. 며칠 기도하면서 하나님의 뜻을 묻자'고 하셨다. 나는 금식기도를 하기로 했다. 내 일생이 걸린 문제라고 생각했다. 이곳에 남아 지금처럼 열심히 교회를 섬기고 일하며 가정을 꾸리는 것도 좋다. 아끼고 살다 보면 내 땅도 생기고 돈도 모으고, 무엇보다 거듭나고 신앙이 자란 곳이니 마음이 편할 것 같다. 어린 나이에 타지로 나가 고생한 경험이 있기에 두렵기도 했다. 하지만 서울로 가서 새로운 인생을 시작하고 싶다는 마음도 있었다. 무엇보다 나를 교회로 이끄신 박목사님과 함께 신앙생활을 할 수 있고 큰 도시에 나가 사는 것도 좋다고 생각 했다.

그러나 이 모든 생각은 하나님께서 준비 해 두신 계획에 따라 가야 한다고 믿었기 때문에 금식으로 기도 하기로 했다. 처음 시작 하는 금식기도라 두려웠지만 성령님께서 도우실 것을 믿었다.

주일 예배가 끝나고 월요일부터 교회에서 두문불출 금식을 시작했다. 기도하며 찬송하고, 말씀 보고를 기도하고 또 찬송하다 기도하고.. 하나님께 간절히 부르짖었다. 서울로 가야 합니까? 여기에 남아야 합니까? 묻고 또 물었다.

목사님이 내가 금식기도에 들어갔다는 소식을 듣고 하루에 한 번씩 올라오셔서 위로하시며 함께 기도하셨다. 그리고 물은 마셔야 한다고 하시면서 직접 물을 주전자에 담아오셨다. 물을 마시지 않으면 창자가 서로 붙어서 생명에 지장이 있다기에 물만 마시면서 금식기도를 이어갔다. 나흘이 되는 목요일, 서서히 힘들어 지기 시작했다.

그러나 "죽은 나사로도 살리셨던 예수님이 나와 함께 하시는데 며칠 먹지 않은 것 가지고 무슨 문제가 되겠느냐"는 성령님의 감동하심이 나를 강하게 이끄셨다. 믿고 의지하며 기도에 매진하니 금방 토요일이 되었다. 배는 허전했지만 성령이 주시는 그 보이지 않는 힘은 육신을 피곤치 않게, 병들지 않게 하셨음을 지금도 믿는다. 어머니가 1911년생, 내가 1951년생. 나이 마흔에 보신 늦둥이 아들이 바로 나다. 홀어머니를 모시고 땅 한 평 없이 오두막집에 사는 이 배우지도 못한 사람, 하나님이 나를 사랑하셔서 부르셨는데 어떻게 해야 합니까!

말은 나면 제주도로 보내고 사람은 나면 서울로 보내라는 말이 있듯이 신학도의 꿈을 품은 이 불쌍한 청년의 마음에 서울로 가라는 결심을 허락하셨다.

은혜, 말씀, 성령 충만한 상태에서 7일간 금식 기도를 거뜬히 마치고 목사님께 받은 응답을 말씀드렸더니 보내기는 아깝지만 그렇게 하나님이 응답하셨다면 가서 열심히 살아보라고 하시며 기도해 주셨다. 40여 년의 세월이 흐른 지금도 목사님의 기도가 기억에 생생하다.

"하나님께서 사랑하는 박용수 집사, 서울로 갑니다. 의지할 거라곤 하나님 밖에 없습니다. 이 젊은이 앞날을 인도하시고 형통하게 하옵소서!"

신답리에 사는 매형에게 이 사실을 알리고 어머니에게도 나의 결심을 알렸다. 어머니는 기도하며 오래 생각 하시더니

"그래, 가 보자!"라고 허락하셨다. 교회와 동네에 박용수가 서울로 떠난다는 소문이 퍼지니 어르신들, 지인들 모두 아쉬워했다. 그렇지만 모두 나의 형편을 알기에 고생은 하겠지만 잘 생각했다고 격려해 주셨다.

떠나기로 결정하고 가장 슬펐던 것은, 교회 목사님 보다 더 가지 말라고, 가지 말라고 애원하셨던 박순애 권사님의 만류다. 이제껏 이 교회를 지켜온 어머니와 같은 그 분의 애절함에 많은 눈물을 흘렸다.

드디어 서울 상경

1978년 12월. 서울로 왔다. 168시간의 금식 기도가 끝나고 신답리를 떠났다. 우선 나만 올라와 직장을 마련한 후 어머니를 모시고 가기로 약속하고 바로 도봉구 상계 4동 162번지 희망교회 박운성 목사님을 찾아갔다.

박목사님 내외분은 무작정 상경한 나를 반갑게 맞이해 주셨다. 그리고 교회 사택에 붙은 방 한 칸을 주시면서 먹고 자는 것은 우리와 함께하고 편한 마음으로 직장을 구하라 하셨다. 희망교회의 어느 집사님이 편직 기술을 배우라 하기에 이, 삼일동안 다녔으나 쉽지 않았다. 나이가 들어 새 기술을 익히려니 낯설고 어려웠다. 고민 하던 중 동네 벽보에 삼양라면 주식회사에서 생산직 사원 모집 공고를 보았다.

회사 위치도 상계동과 가까운 도봉동이라 모집 공고 날짜에 맞추어 구비 서류를 지참하고 면접을 보았다. 삼양라면 회장님이 강원도 동향 분이라 어려움 없이 합격했다.

12시간 맞교대 근무로 첫 주에 주간 근무, 다음 주는 야간 근무로 운영되고 있었다. 24시간 쉬지 않는 바쁜 회사였다. 일 년 중 추석과 구정을 제외한 모든 날 24시간 계속 돌아가는 회사니 당연히 월급도 많았다. 작업도 비교적 쉬워 현장 적응도 어렵지 않았다. 게다가 70%가 여자 사원이라서, 총각이었던 나는 즐겁게 다닐 수 있었다.

이리 저리 일 자리를 알아보며 직장을 구하기 까지 20여 일 간 박목사님 댁에 머무르다가 전세로 방 한 칸을 마련했다. 방을 마련하자마자 어머니를 모시고 서울로 이사를 했다. 1978년을 며칠 남겨놓은 12월 말이었다. 현금 30만원. 쌀 다섯 가마. 그것이 1978년 마지막 날 이제 막 상경한 어머니와 내가 가진 전부였다.

2부

하나님이 무척
사랑하는 아이입니다

어디서 주께 예배를 드리리까

새 해를 시작 하면서 주변 정리가 어느 정도 되어갔다. 어머니가 계시니 집이 안정 되고 직장에서도 자리를 잡아 가면서 주변을 돌아볼 여유가 생겼다. 마음이 여유로워 지니 걱정거리, 큰 고민거리가 생긴 것을 알았다. 온전한 주일 성수가 어렵다는 점이었다. 12시간 맞교대 근무라서 주일날 교회 가는 것이 힘들었다.

한번은 주일에 교회 가느라 결근했다가 현장 반장에게 호되게 꾸중을 들은 적도 있었다. 기도하면서 목사님과 상담을 하니 목사님께서 "생활 안전이 우선이니 온전한 주일 성수는 못하더라도 꾸준히 견디면 무슨 길이 열리지 않겠느냐"고 위로 하셨다. 그렇지만 주일을 거룩히 지키라는 계명의 말씀이 나를 그냥 내버려두지 않았다. 결국 삼양라면에서 반 년 정도 근무하다 사직서를 냈다. 그리고 주일 성수 할 수 있는 직장을 찾아 나섰다.

그렇게 주일 성수를 위해 구한 두 번째 직장은, 면목2동 중랑천 뚝방 근처의 서일제강이란 회사였다. 동국제강에서 철사 3번 선을 납품받아 건축자재인 못과 나마시 철사를 주력 제품으로 생산하는 가공회사로 관리직 포함해 20여명이 근무하는 중소기업이었다.

아침 여덟시에 출근해 저녁 여섯시 퇴근하는 주간 근무로 첫째, 셋째, 다섯째 주일은 쉬고 둘째, 넷째 주일은 출근하는 조건이었다. 정시 출퇴근이라 라면회사보다 보수도 적고 일도 힘들었지만 드디어 주일 성수를 할 수 있는 길이 열렸다. 둘째, 넷째 토요일에 혼자 밤 12시까지 일을 해서 다음 날인 주일 날 생산량을 미리 끝내면 주일날 쉴 수 있었다. 그렇게 관리 부장님께 허락을 받고 한 달 내내 온전한 주일 성수를 할 수 있게 됐다.

육신은 많이 힘들었지만 매 주일마다 교회에 나가 예배드리고 온전한 주일 성수를 할 수 있게 돼 매우 기쁘고 신이 났다. 생활도 안정이 되어 가고 가장 큰 문제였던 주일 성수 문제도 해결이 되기가 무섭게 교회에 큰 일이 생겼다.

나를 서울로 부르신 박운성 목사님이 제직회와 의논도 없이 교회를 팔기 위해서 부동산에 매물로 내놓았기 때문이다. 때는 잠실 개발이 한창인 1980년으로 강남으로 교회가 이사를 해야 모두가 잘될 수 있다는 것이 이유였다. 목사님 판단은 옳았다 치더라도 성도 수송 대책 등 여러 문제를 교인 누구와도 의논하지 않고 목사님 홀로 결정한 엄청난 사건이다. 결국 목사님이 빠진 제직회에서 이 사실을 시찰과, 노회에 보고 하기로 결정 했다. 마땅히 목사님 편에 서야 했던 나도 박 목사님과 심하게 다투었다. 결국 희망교회를 떠나기로 결심하고 목사님과 정든 성도와 결별했다. 그 후 박운성 목사님은 노회로부터 면직 처분을 받고 섬기던 교회를 떠나 연락이 끊어졌다고 한다. 희망교회의 70여명 교인들은 결국 뿔뿔이 흩어졌다. 원망과 슬픔이 교차하면서 한동안 시험에 빠져 교회 생활을 게을리 했다.

아픈 다리로 고생하던 청년을 한 팔이 의수임에도 힘겹게 업고 버스 정거장으로, 한의원으로 다니셨던 박목사님. 아무 것도 모르던 나를 교회로, 하나님 앞으로 이끄신 목사님 생각이 지금도 가끔 떠오른다. 그 때 내 행동이 옳았을까, 온유하고 순종하는 마음으로 목사님의 의견을 따르는 것이 맞았을까. 다시 만나게 된다면 무슨 말을 할 수 있을까. 시간이 지나 연락하기 위해 노력했지만 결국 찾지 못했다. 한 번 다시 뵙고 싶다.

상계제일교회

직장생활은 안정되어 갔다. 그와는 반대로 나의 신앙생활은 점점 불안해졌다. 박목사님과 희망교회에서 큰 상처를 입은 나는 기도하며 방황하다가 예전 어느 교회에서 드린 헌신예배가 떠올랐다. 그 헌신예배에 최원명 목사님이라는 분이 강단에 올라 말씀을 전하셨는데 큰 감동을 받은 기억이 있다. 나는 방황을 끝내기 위해 최원명 목사님이 상계 2동에 위치한 상계제일교회에 출석하기로 결심했다.

　상계제일교회는 세 분 장로님과 200여명 성도들이 모여 예배드리는 교회로 어머니와 등록 후 목사님의 사랑을 받으며 교회 생활에 충실할 수 있었다. 상계제일교회에서 나를 이해하고 도움을 준 좋은 친구를 만났다.

　도봉구청에 근무하는 박종대 집사로 동갑내기에 혼자 홀어머니를 모시는 등 사는 형편이 나와 비슷했다. 만능 재주꾼에 취미도 생각도 같아 친한 사이가 됐다. 술, 담배를 하지 않으니 세상 친구가 없던 나로서는 믿음의 친구가 생겨 무척 기쁘고 즐거웠다. 세상 이야기도 고민이나 어려운 일도 믿음의 눈으로 함께 의논할 믿음의 동지가 생긴 것이다. 이 친구는 내가 훗날 상계중앙교회로 올 즈음 과천으로 이사를 했다. 과천

에 아파트를 분양 받았다는 소식을 알리고 직장도 동대문에
서 관악구청으로 옮겼다. 거리가 멀어 교회 역시 과천교회 옮
겼다. 늘 형제처럼 의지하고 지내던 사이가 멀어지니 섭섭하
며 많이 아쉬웠다. 그러나 서로 의지하는 마음이 있어 각자 가
정을 이루고 살면서도 연락이 끊어지지 않고 주 안에서 형제
처럼 지냈다. 40여 년이 지난 지금 그 친구는 제주도에 살고
있어 자주 만나지 못하나 연락은 종종 하며 지낸다.

　교회를 옮긴 그 해 1980년 5월 20일, 서울 청량리 교회에
서 결혼을 했다. 한 감리교회 목사님의 중매로 지금의 아내를
만났다. 아내 정진순 권사는 경기도 남양주군 수동면 송천리
가 고향으로 알뜰하고 총명하며 믿음이 좋은 아가씨였다. 장
로교인이 감리교회에서 결혼식을 한다니 본 교회에서도 고향
에서도 말이 많았다.

　왜 장로교인이 감리교회에서 결혼식을 올렸느냐고 물으신

다면?

　강원도와 경기도 북부에 친척들이 살고 있어 오가는 길에 어렵지 않도록 청량리역 근처에 식장을 구하기로 했다. 최훈 목사님이 계신 곳으로 유명했던 동도교회에서 식을 올리고 싶었으나 신라 예식장 뒤에 있어 예식 장소를 착각할까 걱정이 됐다. 청량리 교회는 산업대 가는 길 높은 산동네에 있었고 어느 곳에서나 잘 보였다. 그래서 청량리 교회에서 식을 올렸다.

아내는 믿음이 좋고 율동과 체육을 잘했다. 교회에서 봉사하며 아이들을 잘 돌보는 것에 반했다. 건강하고 밝은 성격에 애교도 많아서 어머니께서 참 좋아하셨다. 아내를 맞이하며 하나님께 기도했다.

"하나님, 너무 감사합니다. 지혜로운 아내, 재치 있고 애교 있는 배필을 허락해 주셨습니다. 믿음의 가정, 행복한 가정을 이루게 해 주십시오."

두 번째 만난 시험

1981년 결혼한 다음 해, 목사님의 일방적인 통보로 교회에 또다시 큰 분란이 일어났다. 다음 주일 낮 예배부터 중계동 성원교회와 연합예배를 드려야 한다는 것이다. 최원명 목사님은 성원교회가 우리 상계제일교회로부터 10여 년 전에 갈라져 나간 교회라면서 합하는 것이 하나님의 뜻이라고 하셨다.

교회가 술렁이기 시작했다. 당회와 제직회에서도 논의 없이 목사님 단독으로 집행하는 처사라며 반기를 들었다. 교인들은 분열하기 시작했다. 첫 연합예배를 드리던 날, 성원교회 성도들을 막기 위해 본당 출입문을 지켰으나 들어오기를 작정한 많은 수의 성도들을 밀어 낼 수 없었다. 교회는 결국 두 개로 나뉘었다. 최원명 목사님을 따르는 성도는 본당에서 예배를 드리고 이를 반대하는 성도는 교육관에서 예배를 드리는 지경에 이르렀다.

그 당시 상계제일교회는 성도가 200여명 정도 되는 중형교회로 교회 본관과 교육관, 사택 모두 300여 평의 대지에 세워졌다. 부지 뒤쪽에 교회 신축부지로 형질 변경을 끝낸 공터가 300여 평이 있어 꽤나 덩치가 큰 교세를 가진 교회였다.

성원교회 허봉춘 목사님과 상계제일교회 최원명 담임목사님과의 거래가 후일 알려졌다. 최목사님이 허목사님에게 교회와 교인을 모두 주는 조건으로 얼마를 달라고 요구했다는 내용이다. 아버지처럼 따르고 존경했던 최원명 목사님은 연합예배 며칠 후 미국에 사는 딸의 집으로 떠났다. 성원교회와 연합을 반대한 나는 쫓겨나다시피 교회에서 밀려나 함께 교회를 나온 집사님 집 중 넓은 집에 모여 예배를 드렸다.

억울하고 속상한 마음에 전두환 대통령 시절의 국가보위비상대책위원회 탄원서를 제출했다. 마음을 졸이며 기다렸으나 답은 오지 않았다. 헛수고였다. 그러기를 수개월, 시찰장인 상계 중앙교회 원성연 목사님의 인도로 예배를 드렸으나 결국 연합을 반대한 오십여 명의 성도들은 흩어졌다. 그리고 대부분 원성연 목사님이 계신 상계 중앙교회에 정착했다.

젊은 내게 큰 상처가 된 일이다. 나는 이해하기 어려웠다.

아버지처럼 따르고 의지했던 목사님이 어찌도 그리 원망스러웠던지 지금도 가끔 생각이 난다.

상계중앙교회로

상계제일교회를 떠나 함께 한 집사님들과 상계 중앙교회에 정착했다. 그 사이 가족이 한 명 늘었다. 세 식구에서 네 식구가 됐다. 1981년 8월 5일, 아내가 아들을 낳았다. 이름을 박형주라고 지었다. 큰아버지께서 지어주신 이름으로 돌아가신 아버지가 계셨으면 직접 지어주셨겠지 하는 생각이 들었다.

서울에 올라온 것이 1978년 12월, 아들 형주를 낳았을 때가 1981년 8월. 3년이 채 되지 않는 시간 동안 많은 일이 있었다. 힘든 일을 겪으며 이사도 했다. 상계 4동에서 2동으로, 2동에서 3동으로. 여러 번 이사를 해도 단칸방 신세를 면하기 어려웠다. 어머니와 아내 그리고 나까지 셋이 모두 열심히 일했으나 형편은 쉬이 피질 않았다.

그러나 집과 교회, 회사를 여러 번 옮기는 어려움을 겪으면서도 주일학교 교사는 주께서 주시는 사명으로 알고 열심히 섬겼다. 아이들과 말씀을 공부하고 내가 경험한 예수님의 그 사랑, 그 생명 있는 가르침을 어린 영혼에게 전한다는 것이 감사했고 즐거웠다. 교회와 주일학교 봉사생활은 즐거웠지만 사회생활은 그렇지 못했다.

부활하신 주님께서 제자들에게 나타나시어 먼저 하신 말씀이 "너희에게 평강이 있을지어다 너희에게 평강이 있을지어다" 이다. 거듭 말씀하셨는데 나의 집과 주변은 평안이 없었다. 성실히 근무하던 회사 서일제강이 부도가 났고 사장은 종적을 감춰 버렸다. 주거래 은행에서 먼저 달려와 주요 기계에 딱지를 붙이는 큰 소동이 있었다. 직원들이 노동청에 신고하니 퇴직금을 포함한 미 정산 임금은 스스로 챙겨야 한다며 은행에서 딱지 붙이지 않은 것을 서둘러 다른 장소로 옮기라고 했다.

현장 직장장이 중심이 되어 반제품, 완제품, 차량 등을 공장에서 서둘러 빼냈다. 방학 중인 중량 초등학교에 양해를 구하고 운동장 한구석을 빌렸다. 노동청에서 두 명의 감독관이 나와 모든 것을 처리했는데 열 다섯 명의 현장 사원의 퇴직금과 미지급 월급의 30%만 받을 수 있다고 했다. 두 번째 직장인 서일제강 시대는 이렇게 막을 내렸다.

이뿐만 아니라 당시 장로교단도 분열의 위기에 있었다. 1979년 10월 26일, 박정희 대통령 서거 후, 기독교계에서 발간한 월간지 "교사의 벗"에 "우리들이 대통령을 죽였노라"는 제목의 글이 실렸다.

양심이 있는 몇몇 목사님들께서 통회하는 마음으로 우리가 대통령을 죽게 했다는 글을 기고하셨다. 그 혼란의 와중에 사당동 총신대학교는 높은 명성과 달리 주류, 비주류로 나뉘어 정치적으로 다툼이 심했다. 비극이 아닐 수 없었다. 자연히 교단은 사분오열됐다. 장로교단의 본산이 흔들리자 2년만 배우면 목사 안수를 준다는 신학교가 우후죽순처럼 생겨났다.

신학과 목회에 꿈을 가지고 있던 나는 솔직히 솔깃했다. 마음이 끌렸다. 그러나 이 어려운 현실 앞에서 과연 해낼 수 있을까? 설령, 그렇게 해서 목사가 된들 하나님 앞에 쓰임 받을 수 있는 종이 될 수 있겠는지 여러 날 고민에 고민을 거듭했다. 믿음의 지체들에게, 나를 사랑해 주시는 여러 분들의 조언과 어려운 가정생활 등을 참작해 신학도의 꿈을 접기로 결정했다. 그리고 평신도로서 평생 주께 충성할 것을 다짐했다.

세 번째 직장, 서울식품공업 주식회사

1982년 2월, 서울식품 공업주식회사에 어렵게 입사했다. 면목2동에 위치한 식품가공업체인 이 회사는 빵과 식용유가 주력 상품이었고 임직원이 이천 명 가량 되는 상장회사였다. 입사 후 3교대 근무인 유지생산부에 발령받았다. 식용유를 만드는 제유실에서 2년 동안 근무했다. 성실한 근무 태도를 인정받아 승진도 했다. 승진하면서 근무 여건이 나은 부서로 옮길 수 있었다. 편한 공정으로 전근 배치 받으며 1개조를 관리, 통솔하는 중간 관리자가 됐다. 중간 관리자가 되면서 동료들의 신임을 얻어 노동조합에 추천으로 입문했다.

수고한 노력만큼의 대가는 받아야 한다는 신념 아래 대의원이 되었고 중앙노동연수원에서 교육 과정을 수료했다. 교육 과정으로 근로기준법, 산재보험법을 공부했다. 공부한 내용을 바탕으로 회사 안에서 노동자의 권리 찾기 운동에 힘쓰며 열심히 회사생활에 적응하며 지냈다. 회사생활이 안정 되어 가면서 더불어 가정에도 평안이 찾아왔다.

알뜰한 아내의 덕에 1983년 5월, 상계4동 산 162번지에 18평짜리 허름한 집을 샀다. 집값은 450만원. 방 세 칸에 작은 마당이 딸린 기와집이다. 서울 상경 후 그때까지 일곱 번이나 이사했다. 단칸방에서 단칸방으로. 그런데 내 집을 사서 이사를 하니 우리 식구들로서는 천국이었다. 박용수라는 이름 석 자의 문패를 달던 날 대문 앞에서 어머니와 아내, 그리고 나 이렇게 셋이 눈물을 흘렸다. 어머니도 아내도 일거리를 찾아다니며 열심히 일한 결과물이기도 하지만 하나님의 도우심이 있어 가진 집이었다.

같은 해 1983년 9월 25일, 둘째 아이가 태어났다. 딸이었다. 이름을 은주라 지었다. 기쁘고 감격스러운 마음에 하나님께 감사기도가 절로 나왔다. 신답리에서 올라온 지 5년 만에 가정을 이루고 집을 마련하고 두 아이의 아버지가 됐다는 생각에 더욱 감사기도가 나왔다. 내가 뭐라고 이 은혜를 주시나.

상계 중앙교회에서 주일학교 교사로 봉사하며 재정부와 건축 회계도 담당했다. 이때부터 십일조 헌금생활을 시작했다. 은주가 태어난 다음 해 인 1984년부터는 자녀를 위해 헌금을 드리기로 했다.

아이들이 성인이 될 때 까지 매 달 작정헌금을 드리자는 아내의 말을 기쁘게 허락했다. 알뜰하기로 소문난 아내가 형주와 은주를 위하여 아이들이 스무 살 때까지 매월 작정 예물을 드리자고 했다. 월 작정액은 5천 원, 넉넉하지 못한 우리 형편에 큰 지출이었지만 아내의 말에 기쁜 마음으로 찬성했다. 작정 예물은 자녀들을 위하여 기도하면서 매월 정해 진 날 감사하는 마음으로 드렸다.

하나님이 무척 사랑하는 아이입니다

1985년 어느 날, 딸 은주가 심한 감기에 걸려 도봉구 보건소를 찾았다. 의사 선생님이 청진기를 가슴에 대더니 아이의 심장 소리가 좋지 않다며 종합병원에 가서 진료를 받아 보라고 했다. 일단 감기 처방을 받아 왔는데 날이 지나도 쉽게 낫지 않았다.

딸은 밤이면 울고 보채며 잘 먹지도 않아 발육 상태가 불량했다. 아내와 상의 끝에 보건소 의사 말대로 종합병원에 가기로 했다. 위생병원, 경희의료원, 성바오로병원 중 교통이 좋은 청량리 성바오로병원으로 갔다.

이름은 기억할 수 없지만 성이 오씨인 박사님께서 X레이와 초음파 등 검사를 진행했다. 그리고 이렇게 말씀하셨다.

"인체에 심장이란 장기가 있는데 이 아이는 심장에 펑크가 났습니다. 심방과 심실이라는 곳에 각각 왼쪽 오른쪽 벽이 있습니다. 그 오른쪽 벽에 구멍이 있어요. 이런 병을 심장 판막증, 선천성 심장병이라 부릅니다. 이 구멍을 막는 수술을 해야 하는데.."

지금 딸아이의 발육 상태로는 수술이 어렵다고 했다. 너무 약하고 어려서 집에 데려가 더 키워서 다시 오라고 하셨다. 아이가 보채고 힘들어하면 와 보라는 이야기와 아이를 잃는 것을 각오하면 수술은 가능하다고.

이 어리고 불쌍한 것, 두 돌도 되기 전에 이런 일이 생기다니. 우리 부부는 병원 앞에서 부둥켜 안은 채 많이 울었다. 그리고 무거운 발걸음으로 버스를 타고 집으로 오는 길에 문득 성경 구절이 생각이 났다.

"두려워하지 말라 내가 너와 함께 함이라 놀라지 말라 나는 네 하나님이 됨이라 내가 너를 굳세게 하리라 참으로 너를 도와주리라 참으로 나의 의로운 손으로 너를 붙들리라"(이사야 40:10)

그렇다, 하나님은 반드시 우리를 도우실 거야. 힘내자! 다짐했다. 하나님 앞에 무릎을 꿇고 기도하자! 기도하며 다른 방법을 찾아보자! 우선 교회 목사님께 알리고 중보기도를 부탁했다. 그리고 당시 대통령 영부인 이순자 여사가 설립한 새 세대 심장재단에 도움을 신청하기로 했다. 새 세대 심장재단은 어려운 형편의 심장병 아이들을 무료로 수술해 주는 좋은 일을 했다. 재단에 연락을 하고 신청 서류를 알아봤다. 동사무소와 병원 등을 다니며 진료확인서 등 서류를 갖추어 접수했는데 재단 담당자의 말이 전국적으로 실시하는 일이라 이미 접수된 서류가 많아 5년 이상은 기다려야 한단다. 눈앞이 캄캄했다. 아이가 5년을 기다릴 수 있을까. 이 작은 심장이 5년을 버텨 낼 수 있을까.

혹시 도움을 받을 수 있을까 하는 마음에 회사 노동조합에도 알렸다. 회사에서 은주가 수술하면 모금 운동을 전개해 도움을 주겠다고 약속했다. 한번 모금하면 수술비용으로 육, 칠백 만원은 모이니 걱정하지 말라는 생산부 이사님과 노동조합장님의 위로가 있었다. 당시 웬만한 집 한 채 값이니 큰돈이다. 아이가 수술 받을 수 있는 체력이 될 때 까지 기다리던 어느 날, 교회의 한 권사님을 통해 이런 소문을 들었다.

신유의 은사를 받으신 용산 현신애 권사님 이 후 하나님이 쓰시는 김계화라는 전도사님을 찾아가 보라고 했다. 하나님께서 이 여종을 통해 병원으로부터 사형선고를 받은 많은 환자를 살리신단다. 귀한 치유의 은사를 베푸셔서 성도들로부터 화제가 되고 있다는 것이다. 아내가 은주를 데리고 가서 전도사님의 안수 기도를 받겠다고 했다. 나는 적극적으로 찬성했다. 아픈 딸과 아내를 데리고 소문으로만 듣던 김계화 전도사를 찾아갔다. 집회 장소는 서울 세검정 근처였다. 아내와 아이를 데리고 무작정 자리를 잡았다.

아픈 사람들이 얼마나 많은지! 수많은 인파에 전도사님의 얼굴도 못보고 돌아오기를 일주일 쯤 하던 중 어느 날 김계화 전도사님으로부터 안수 기도를 받았다. 기도 후에 말씀하시기를 사제 약이나 병원 약을 절대로 쓰지 말고 아픈 부위에 바르라고 0.5ℓ 크기의 생수 한 병을 건네주셨다. 오랜 기다림 끝에 받은 한 번의 기도와 생수 한 병. 처방을 받은 아내와 나는 수심 반, 기쁨 반으로 돌아왔다.

요단강에 몸을 씻으라는 엘리사의 처방을 전해들은 나아만 장군의 마음도 이랬을까. 실로암에 가서 눈을 씻으면 보일 거라는 말을 들은 장님의 마음이 이랬을까.

아니다! 하나님께서 치료해 주셨다고 하니까, 죽은 지 나흘이 되었던 나사로도 살리셨던 예수님이 우리 은주의 병도 고쳐 주셨을 거야. 믿기로 했다.

아이의 심장 부위를 받아 온 물로 닦았다. 솜에 물을 적셔 정성스레 닦는 아내, 그 간절한 마음이 내게도 전해졌다. 아무도 모르게 흐느껴 울며 많은 눈물을 흘렸다. 하나님, 은주를 살려 주세요.

기도하는 마음으로 20여 일이 지나니 은주의 얼굴에 웃음이 돌았다. 늘 울고 찡그리며 투정을 부리던 모습이 사라지고 방실방실 웃으며 어리광을 부렸다. 전에는 볼 수 없던 잘 노는 움직임과 말까지 따라 배우는 기특한 모습에 확신이 생겼다. 하나님이 고쳐주셨다!

기도 받고 3~4개월이 지나자 은주의 노는 모습은 또래 아이들과 다를 바가 없었다. 이제는 완치가 되었구나! 아이는 누구보다 잘 먹고 잘 자라기 시작했다. 소문을 듣고 동네 이웃 여럿이 찾아와 "온 식구가 그렇게도 열심히 교회를 다니더니 이런 은혜를 받네요."하며 격려하고 갔다. 하나님께서 영광을 받으시니 기쁘고 감사했다. 그러던 어느 날, 아내와 상의하여 성바오로병원에 가서 다시 진료를 받기로 했다. 최종 진단을 했던 그 오박사를 찾아가 아이를 보였더니

"이런 경우는 없습니다. 믿음의 눈으로 볼 때는 가능한 일이나 의학적으로는 없는 일입니다. 그리고 이 아이는 정상입니다."라며 놀라워했다. 그리고 하시는 말씀이

"이 아이는 하나님이 무척 사랑하는 아이입니다."라고 덧붙여 이야기하셨다. 우리 부부는 그 자리에서 은주를 안고 기쁨과 감격의 눈물을 흘렸다. 밖으로 나와 이 기쁜 소식을 어머니께 제일 먼저 말씀드렸고 교회, 직장, 친척들에게 모두 알렸다. 그 누구보다 상계제일교회에서 함께 온 권사님, 집사님들이 기뻐하셨고 그 중에서 아주 친하게 지내는 친구, 지금은

제주도에 가서 자리 잘 잡고 사는 박종대 집사의 가정 모든 식구들이 기뻐해 주었다.

할렐루야! 하나님을 찬양합니다!

새로운 길, 자판기 사업

은주의 병이 나으니 집안의 일도 안정되었다. 직장에서도 인정받으며 지낼 수 있기는 하나 늘 마음에 걸리는 일이 있었다. 회사 업무 때문이다. 3교대 근무로 매 주 업무 시간이 바뀌어 주일 하루를 완전하게 구별하기 어려웠다. 이번 주는 06:00~14:00까지, 다음 주는 14:00~22:00까지, 그 다음 주는 22:00~06:00까지 근무하는 3교대 시스템으로 온전한 주일 성수를 못 지키는 신앙생활이었다. 그러나 시간은 많았다.

1986년 9월경, 직장 동료로부터 좋은 제안을 받았다. 자판기를 만들고 있는데 거의 완성단계에 있다며 함께 해보자는 것이다. 귀가 솔깃했다. 3교대 근무이기 때문에 남는 시간이 많으니 부업으로 해도 좋을 것 같았다. 하루 24시간 중 8시간만 일을 하고 나머지 16시간은 남으니 얼마든지 할 수 있으리라. 다시 찬찬히 이야기를 들어보니 사업성이 있어 보였고 출근 전이나 퇴근 후에 얼마든지 할 수 있는 일이니 가족들과 상의 후 땅콩자판기를 사서 운영해 보기로 했다.

우선 땅콩자판기 30여 대를 구입했다. 관리하기 쉽도록 집 주변에 놓기로 했다. 상계4동에서 시작하여 상계3동, 상계2동, 중계동, 공릉동, 중화동, 상봉동, 휘경동, 청량리까지 버스가 다니는 큰 길을 따라 당구장, 기원, 만화방 등에 주인과 7대 3의 조건으로 설치 운영했는데 수입이 괜찮았다.

땅콩이 떨어졌다고 주인으로부터 전화가 오면 짐자전거에 땅콩을 싣고 가서 땅콩을 보충하고 수금을 했다. 자판기 돈 통을 열면 100원짜리 동전이 가득 들어 있었다. 한 개 자판기 1개에 35,000원 정도의 돈이 수금됐다. 동전 중에 1만원을 자판기를 설치한 주인에게 주고 나머지는 내 몫으로 가져오니 원가를 공제하고도 20%가 남았다. 부업으로는 할 만한 사업이었다.

다니던 회사에도 큰 변화가 생겼다. 소비자에게 더 좋은 제품과 맛있는 상품을 제공하고 많은 이익을 창출하기 위해 제빵 사업부가 독립 해 안산 반월로 이전한다는 것이다. 코알라라는 귀여운 이름으로 회사명을 바꾸고 생산 라인을 새롭게 구축 해 생산량을 늘리겠다는 것이 본사의 계획이었다.

내가 근무하는 유지 사업부는 다국적 기업인 미국 하인즈와 합자하여 서울 하인즈로 거듭나기를 진행중에 있었는데 사세를 확장하는 중요한 시기였다. 사원들은 회사가 안산과 인천으로 이전하니 모두 이사를 가야 하는 것 아닌가 하며 걱정 반, 기대 반인 상황이었다.

결국 회사의 유지 사업부는 1987년 6월부터 같은 생산라인 소속인 마요네즈, 케첩과 함께 인천 공장에서 시험 가동에 들어간다는 계획 발표했다. 이곳 면목동 공장에서는 가져갈 것이 없고 인천 공장에 현대식 기계 설비를 하여 경쟁력을 갖출 것이라고 했다. 회사는 사원들의 대우와 복지도 현 서울식품보다는 훨씬 좋아질 것이라며 인천으로 갈 것을 유도했다. 교회의 담임 목사님께 인천으로 회사가 이전 할 계획이라고 말씀드리니 회사와 함께 갈 것인지 다른 직장을 구할 것인지 함께 기도해 보고 결정하자고 하셨다. 회사가 이전 하면서 인천으로 이사 할 계획이라는 이야기가 교회에 돌자 한 집사님께서 날 찾아오셨다. 큰 슈퍼를 경영하시는 조○○ 집사님으로 전직 경찰관이셨다. 집으로 직접 찾아오신 집사님은 내게 제안 하나를 하셨다.

"내가 박 집사에게 슈퍼를 하나 차려 줄 테니 인천으로 가지 말고 여기서 우리와 지내며 함께 신앙생활 합시다. 필요한 사업 자금은 나중에 잘 되면 갚으셔도 괜찮습니다."

좋은 사업 제안이었다. 자금을 그냥 주시면서 이자도, 언제까지 원금을 갚으라는 말미도 없었다. 연배도 훨씬 높으신 집사님이신데 친척도 아니고 잘 아는 사이도 아니었다. 그 집사님과 관계가 조금 있다면 담임하는 유년부 학생 중 그분의 자녀가 있어서 가정방문을 한두 차례 한 것이 전부다. 나를 뭘 믿고 이렇게 까지 도와주시겠다고 하나. 참으로 고마운 분이었다.

가족들과 의논해 보고 결정하겠다고 말씀드리고 혼자 고민 많이 하던 중 아직 30대 젊음이 있고 나를 도우시는 하나님이 계시니 하는 생각이 들었다. 나를 믿고 무조건 지원하겠다는 집사님의 제안을 거절하기로 했다. 그러나 마음은 편하지 않았다.

여러 날 고민 후에, 집사님을 찾아가 도와주시려는 마음 너무 감사한데 사양하겠다는 말씀을 드렸다. 거절하는 마음이 썩 좋지 않았는데 "살다가 힘들면 내게 오게. 내가 도와주겠네."하며 오히려 나를 위로하시고 힘을 주셨다. 큰 감동을 받았다. 나중에 알고 보니 그 분은 진천 출신인데 근면, 검소하고 아주 열심히 살고 계시는 재력가셨다.

3부

당신은 천사가
받아내렸습니다

고난을 주시는 하나님

그 이듬해인 1987년 3월 2일, 아침반 근무를 마치고 오후 2시 퇴근했다. 정리하고 집에 오니 오후 3시쯤 되었는데 자판기를 설치한 기원에서 연락이 왔다. 땅콩이 떨어져 채워야 한다고, 충전해 달라는 전화였다. 월급날이구나, 수금할 준비를 하고 충전할 땅콩을 잘 챙겼다. 즐거운 마음으로 처마 밑에 세워 두었던 자전거를 타고 출발했는데 비를 맞아 그랬는지 브레이크가 제 구실을 못 했다.

가파른 내리막길이라 속도가 점점 빨라지면서 큰 사고가 나겠다 하는 순간, 뛰어 내려야겠다, 그냥 가다가는 정말 큰일 나겠다는 생각이 들었다. 그런데 뛰어내리자니 많이 다칠 것 같아 30m 정도 가면 나오는 오르막 길 까지 그대로 가기로 했다. 235번 버스 종점 담장을 끼고 우회전하면 나오는 오르막 도로까지만 가자! 초긴장 상태에서 무사히 사거리까지 왔는데 아이들이 눈에 들어왔다. 많은 아이들이 길에 나와 놀고 있었다. 피할 길이 없었다.

다치면 얼마나 다치겠나, 머리만 안 다치면 괜찮겠지, 하며 두 팔로 머리를 감싸고 235번 버스 종점 블록 담장을 자전거와 들이박았다. 우회전을 할 수 없었다. 그리고 바로 정신을 잃었다.

우리 집에서 불과 200m 떨어진 곳에서 사고가 났다. 작은 구멍가게 앞에서 자전거와 함께 곤두박질치며 쓰러졌다. 가게 주인아주머니께서 사고 현장을 보시고는 놀라 나를 끌어다 눕히고 따뜻한 물로 손발을 닦아주셨다. 평소 안면이 있었기에 우리 집에도 연락해주셨다. 잠시 정신을 차린 나는 가게로 뛰어온 아내의 부축을 받으며 집으로 돌아왔다.

움직이기는 하나 정신이 온전하지 못했고 아내에게 머리가 많이 아프다고 했다는 것이다. 이미 사람을 알아보지 못할 지경이 됐다. 지혜로운 아내가 보기에 외상은 찰과상 정도로 그쳤지만 머리를 다친 것이 분명하니 급하게 동네 의원으로 나를 데리고 갔다. 의원에 가니 역시 지금 빨리 종합병원으로 가라며 위급 상황이라고 했다.

아내는 급한 마음에 몸만 겨우 움직이는 나를 데리고 택시를 탔다. 청량 뇌병원으로 향하는 택시 안에서 기사가 뇌병원이 아닌 종합병원인 성 바오로 병원으로 목적지를 바꾸었다. 휘경동을 지났을 때 택시 안에서 구토하는 나를 보더니 머리 다친 사람이 토하기 시작하면 위험한 단계에 이른 것이니 속히 가야 한다며 비상등을 켜고 모든 신호를 위반하며 급히 병원으로 달렸다고 한다.

나는 그때 이미 사물을 알아볼 수도 없었고 당시의 기억도 전혀 없는 것을 보면 뇌의 세포가 죽어가고 있었던 것이다. 육신은 살아있으나 뇌는 죽어가고 있었으니….

응급실에 도착한 나는 의료진으로부터 "진단 결과 뇌출혈

인데 수술은 하지만 살릴 수 있는 확률은 1%입니다. 그 1%의 확률로 살아난다 하더라도 식물인간으로 살아가야 합니다"는 반 사망선고를 받았다.

반 사망선고에도 수술은 시작됐다. 6시간에 걸친 큰 수술을 받았다. 수술이 진행되는 동안 아내는 교회, 친척, 직장 등에 이 사실을 알리고 모든 이들에게 기도를 부탁했다. 우리 박용수 집사 살려달라고! 집에는 7살, 5살 된 형주, 은주를 어머니가 보살피고 있고 아내는 수술실 밖에서 울며 하나님께 간절히 기도하고 있었다. 6시간여 걸쳐 수술을 마친 의사가 밖으로 나와 "뇌출혈이 심하여 수술하기가 어려웠습니다. 회복하기 어렵습니다. 1% 희망은 있으나 살아도 100% 식물인간입니다."라고 선고했다. 그때 내 나이 서른일곱. 젊은 나이로 초등학교도 들어가지 않은 어린 아들, 딸, 그리고 여든을 바라보는 홀어머니와 나만 의지해 살아가는 아내가 있었다. 가난하지만 열심히 일하라는 하나님 명을 따라 살기 원했던 이 사람이 여기서 이렇게 인생의 막을 내린다. 나의 죽음이 피할 수 없는 현실로 다가오는 그 순간에 아내는 이렇게 기도했다.

"딸 은주도 치료하신 하나님은 분명히 남편도 치료해 주실 거야!"

아내는 확신이 있었다. 좌절하지도 않고, 불안안 마음도 없었다. 꿋꿋하게 기도하며 많은 친지, 동료, 그리고 교회 성도들에게 기도와 간구를 부탁했다. 반드시 살아난다, 은주를 치료해 주신 이 병원에서 하나님은 남편도 치료해 주실 것이다, 살려주실 것이다. 모든 이들의 기도가 하나님께 상달되었는지 3월 5일, 수술 후 3일째 되던 날 나는 기적적으로 회복하기 시작했다.

하나님의 은혜로

짙은 안개 속에서 물체가 서서히 보이듯 옆에 서 있는 아내가 어렴풋이 보이기 시작했다. 흐릿하게 보이다가 점점 형체가 잡혀갔다. 의식이 없던 내가 헛소리 비슷하게 "보인다, 보인다!"하자 내 곁을 떠나지 않고 지키던 아내는 급하게 간호사를 불러왔다. 혼잣말을 중얼거리며 몸을 뒤척이던 나는 한참 시간이 지난 후에야 제 정신으로 돌아왔다. 사람들을 알아볼 수 있었고 몸의 모든 기능이 정상으로 돌아왔다.

할렐루야 아멘!

아내는 이 기쁜 소식을 일가친척, 교회의 목사님, 성도들 직장과 동료들에게 알렸다. 병원에서도 포기한 박용수가 살아났다! 식물인간도 아니고 완전히 정상적인 상태로 일어났다! 많은 사람들이 문병을 왔다. 울다 웃다, 손을 부여잡고 기도하며 내 몸을 만지고 눈을 바라보며 죽을 줄 알았다, 살아나 기쁘다! 어서 퇴원해서 만나자며 기쁨을 나눴다.

그러나 밤이 되면 침대에 누워 나는 다시 생각 하고 또 생각했다. 비 맞은 자전거의 결함에서 온 결과라고 하기에는 석연치 않고 혹시 하늘에 계신 하나님께서 욥처럼 시험하고 계신 것이 아닐까? 하는 두려움이 스쳐 지나갔다.

작은 아이성의 큰 교훈의 의미가 담긴 하나님의 뜻이 아닐까. 자신을 돌아보고 또 돌아보았다. 지혜롭지 못하고 단순한 나는 하나님의 뜻을 분별하지 못했으나 한 가지만큼은 확실했다.

의사는 죽는다고 했다. 생존율은 1%. 그 1%의 생존율 중 식물인간이 될 확률은 100%. 그런데 버젓이 살아났다. 모든 것이 정상으로 말이다. 하나님의 큰 은혜다. 하나님, 감사합니다! 다른 말이 필요 없다. 할렐루야 아멘! 할렐루야 아멘!

3월 17일, 아픈 곳도 별로 없고 집에 계신 연로하신 어머니와 어린 아들, 딸이 보고 싶어 퇴원하겠다고 했다. 아내와 의논하고 원무과로 가서 퇴원하겠으니 정산 해 달라고 했다. 원무과에서는 이 환자가 미쳤냐며, "안됩니다. 입원 한 상태로 좀 더 안정을 취해야 합니다."라고 거절했다.

하지만 나는 계속 퇴원을 원한다고 했다. 그랬더니 자퇴서라는 문서를 주며 작성하라고 했다. 추후 어떠한 증세가 나타나 병세가 악화돼도 병원에서는 책임이 없다는 내용이다. 그래도 좋다, 나는 오늘 퇴원하겠다며 자퇴서를 작성에 원무과에 냈다. 퇴원 수속을 마친 후, 담당 의사를 찾아가 퇴원 후 몸

관리를 어떻게 해야 하냐고 물으니 수술할 때 피를 많이 흘렸으니 개고기를 많이 먹으라고 일러 주셨다.

또 이르는 말이 1년간 약을 계속 먹어야 하는데 1년이 지나고 뇌파검사 후 약 복용 여부를 다시 결정 할 것이라고 했다.

"박용수 환자가 정말 죽을 줄 알았습니다. 살아난 것이 정말 기적입니다. 기적으로 살았습니다. 당신과 함께 하시는 하나님이 부럽습니다."라며 격려해 주었다. 우여곡절 끝에 병원에서 퇴원하여 집에 돌아오니 동네 사람들과 어머니, 어린 형주와 은주가 반갑게 맞이해 주었다. 퇴원하고 3일이 지나 회사에 갔다. 3월 20일, 회사에 가서 총무과 노동조합, 생산부를 들러 25일부터 정상적으로 출근하겠다고 하니 모두 다 놀라며 좀 더 쉬며 체력을 회복하고 4월 1일부터 출근하라고 했다.

담당 부서장님의 강력한 권고로 그렇게 하기로 하고 돌아오는 길에 자판기 거래처를 둘러보았다. 그간 신변에 있었던 일을 거래처에 말 하니 다행이라며 큰 고비를 넘겼으니 더 조심해야 한다고 염려해 주었다. 사고 현장을 목격하고 신속히 구급 조치를 해주셨던 구멍가게 아줌마께도 들려서 감사의 뜻을 전했다.

"그때 아주머니의 도움이 없었으면 그 자리에서 저는 죽었을 겁니다."

"그때 너무 놀랐어요. 아는 사람이 죽어가는 것을 보고 못

본체 할 수 없어 마음이 시키는 대로 했는데 이렇게 건강히 살아왔네요. 하나님이 도우셨어요! 감사해요!"

4월 1일부터 회사에 출근하여 정상적인 근무 교대를 시작했다. 아무 문제없이 회사는 다니던 중 6월 13일 인천 공장으로 발령 받았다.

시험운전 기간 동안 아침 9시에 출근 해 오후 5시 퇴근이 가능했다. 그렇지만 거리가 멀어 힘들었다. 새벽 5시에 상계동에서 첫 시내버스를 타고 청량리역까지 오면 6시, 청량리역에서 1호선 전철을 타고 동인천에 오면 7시 30분 동인천에서 버스를 타고 신흥동 개항 탑까지 오면 8시 10분, 걸어서 30분, 오면 회사 도착 8시 40분 3시간 40분 동안 차에 시달리니 수술한 지 얼마 되지 않은 나로서는 출근하기 전에 이미 지친 상태가 됐다.

가족들과 의논하고 인천으로 이사를 결정했다. 7월 초 상계동 집은 전세를 주고 숭의동 수봉산 용정 초등학교 부근으로 이사했다. 제물포역에서 15분 거리의 집으로 구했다. 다음 해 초등학교에 입학하는 아들 형주, 직장 출근 거리 등을 생각 해 구한 집이다. 당시 임대차 계약기간이 1년 학교 근처에 큰 방 한 칸을 얻어 다섯 식구가 살았다.

교회도 집 근처에 있는 산성침례교회로 교회를 옮겼다. 장로교단에서 받았던 상처가 있어 침례교단의 교회를 알아보았다. 기도 중에 부흥사로 유명했던 오관석 목사님이 교단인 침례교단 교회 산성 침례교회가 있어 온 가족이 출석하기로 했다.

상계 중앙교회 원성연 목사님께서는 제물포 교회를 찾아가라고 하셨는데 인천이 처음인 나는 제물포교회를 찾지 못했고 결국 집 옆의 교회로 다니게 됐다. 산성 침례교회의 예배에 출석하며 하나님께 기도하고 몸을 추슬렀다. 어머니, 아내, 아들, 딸 내 가족을 다시 돌아보며 앞으로 최선을 다해 살기로 결심했다.

다시 시작된 고난

1987년 7월 4일. 발령받은 인천 공장에 출근했다. 공장을 이곳저곳 다니며 공정 시험 가동의 이상 유무를 살피는 중에 불량한 곳을 발견했다. 탈취유(완제품)가 담긴 저장 탱크에 이물질이 섞여 들어갔다. 탱크에 담긴 2톤가량의 기름을 전부 버리고 탱크 안을 깨끗하게 청소해야 했다. 어려운 작업이다.

높이가 17m나 되는 저유조는 스테인리스로 만든 깨끗한 신식 설비로 30톤의 기름을 저장 할 수 있는 큰 저장 시설이었다. 먼저 저유조의 탈취유를 모두 비워내야 청소가 가능했다. 탈취유를 비워 내고 저유조의 맨 꼭대기의 맨홀 뚜껑을 열면 내부로 들어 갈 수 있는 구조다. 일단 유조 내부 벽에 설치한 사다리를 잡고 바닥 까지 내려가야 하는데 아파트 5층 높이가 되니 쉽지 않은 일이다.

여러 동료들과 모여 우선 탱크 하단의 배관을 해체했다. 해체한 부위에서 오염된 탈취유가 쏟아져 나왔다. 기름이 모두 나오고 모두 탱크의 위로 올라갔다. 그리고 7년차 선배인 고참 백주임과 누가 함께 탱크 안으로 들어 갈 것인가 정하기로 했다. 의논 끝에 직속 후배인 내가 탱크 안으로 들어가기로 했다.

내부를 닦는 깨끗한 보루를 탱크 안으로 던져 넣고 사다리를 타고 내려가기 시작 했다. 3, 4m나 내려갔을까. 갑자기 호흡이 어려워 졌다. 아뿔싸. 산소가 부족하구나! 순간적인 판단이 들었다.

'떨어지겠다. 올라가야지!'

사다리를 다시 타고 올라가려 힘썼지만 이미 육체에 힘이 없었다. 올라갈 힘이 없었다. 그때 든 생각이 조금이라도 내려가서 추락하면 부상의 정도가 줄지 않을까 하는 것이었다. 그래서 사다리를 타고 한 칸, 두 칸 다시 내려가면서 기도 했다.

'하나님, 아직 할 일이 많은데..'

시간이 얼마나 흘렀을까. 어디 멀리서 외치는 소리가 들렸다.

'박 형! 박 형! 정신 차리세요. 정신 차리세요!'

총무과 안전관리자 강 부장 목소리다. 그 목소리를 듣고 점점 의식을 회복했다. 주변 사람들의 얼굴을 알아 볼 수 있게 됐을 때가 저녁 8시가 다 됐을 때다.

'여기가 어딥니까?'

하고 물으니 구월동 길병원이란다. 어떻게 된 일인가. 구사일생, 겨우 구출해서 병원으로 옮겼다고. 괜찮냐고 되물었다. 침대에서 일어나 걸으며 팔, 다리를 움직이니 별로 아픈 곳이 없다. 무려 13m높이에서 떨어졌는데...

당신은 천사가 받아 내렸습니다

회사 인천공장 공장장 O전무님의 이야기다. 십 여 일 동안 길병원에 입원 해 있는데 매일 병문안을 오셔서 내게 말씀하셨다.

"당신은 천사가 받아 내렸습니다"

나도 믿기지 않았다. 그렇지만 현실이었다. 뇌출혈 수술 후 3개월 만의 일이다. 병원에서는 당연히 정밀검사가 필요하다고 했다. 검사를 받고, 통증 치료를 하며 곰곰이 생각 하고 또 생각 했다.

'하나님 제가 무엇을 잘못 했기에 이토록 고난을 주시나요?'

‘욥을 생각하라. 더 귀하게 쓰기 위해 연단하고 있다’

묻고 또 물을 때 마다 하나님은 여러 성경 말씀을 보여주셨다. 그 모든 구절이 위로가 되고 힘이 되었다. 일주일 정도 지났을까. 안전관리 담당자가 찾아와 나의 구조 과정을 들려주었다.

사다리에서 정신을 잃고 추락 한 것을 목격한 동료들이 주변 사람들에게 ‘기름 탱크 속으로 사람이 떨어졌다’고 외치고 그 외침을 들은 사람들이 모여들었다고 한다. 한 사람이 몸에 밧줄을 묶고 내려가다 숨을 쉴 수 없으니 다시 올려 달라고 하자 가까스로 다시 끌어 올렸다고. 바닥에 떨어진 사람은 질식해서 죽었다. 질식사다. 확실하니 서둘러 아까 기름을 빼기 위해 해체한 탱크 밑으로 산소를 주입하자는 의견이 나왔다. 산소통을 구한다고 이리뛰고 저리뛰고 난리통에 산소를 주입하고 한참이 지났는데 갑자기 내가 꿈틀대며 일어났다고 한다. 그리고 사다리 쪽으로 걸어 와 사다리를 타고 다시 맨홀 입구인 17m를 올라와 다시 정신을 잃었다고 한다. 기억도 없고 믿기도 어려운 일이다. 그렇지만 많은 동료들이 두 눈을 뜨고 직접 본 사실이고 현실이다.

숨을 쉬지 못하던 사람이 일어나 그 높은 사다리를 타고 다시 올라 왔다고?

17m 높이까지 철 사다리를 한 칸 한 칸 걸어 올라왔는데 기억이 나지 않는다고?

입원해 있는 동안 많은 이들이 문병을 왔다. 그들이 돌아가면 혼자 병상에 누워 기도하면서 생각하고 또 생각했다.

누가복음 22장 43절, 예수님께서 구속 사역을 위해 땀방울이 핏방울이 되도록 기도하셨다는 말씀이 있다. 기도하실 때 천사가 하늘로부터 예수께 나타나 힘을 더하더라는 말씀도 있다.

그렇다! 이는 분명히 하나님이 이 연약한 종을 사랑하셔서 살려주신 것이다. 하나님 감사합니다! 하나님 감사합니다!

'하나님의 의와 영광을 위해 열심히 살겠습니다!'

다짐하고 또 다짐했다.

뒤늦게 내 사고 소식을 들은 집에서는 큰 충격과 실의에 빠졌다. 특히 일흔을 훌쩍 넘긴 어머님의 충격이란 말로 표현 할 수 없었다. 같은 해 3월 성 바오로병원에서 뇌수술을 하고 7월에는 질식해 추락한 사건이 연달아 있었으니 고령의 어머니가 견디기 힘드셨을 것이다.

질식으로 인한 추락 사건으로 입은 육체적 충격은 생각보다 오래갔다. 멀쩡해 보였지만 멀쩡하진 않았다. 회복도 더뎠다. 그러나 욥을 생각하며 고통 가운데도 평안 했다. 보름정도 입원해 정밀검사를 받았다. 큰 이상은 없었다. 그리고 바로 병원에서 퇴원했다.

몸이 어느 정도 회복되고 출근을 하니 화제의 인물로 유명해져 있었다. 그 사고 현장에 있던 동료들이 얼마나 이야기를 하고 다녔는지 나를 모르는 이가 없었다. 나를 아는 이들, 그 현장에 있던 사람이나 이야기로 들었던 사람이나 모두 한 목소리로 말했다. '천운이야. 교회 생활을 열심히 하더니 하나님이 도우셨다고. 그래서 살았다고.'

사고 당시 빠른 응급조치로 나를 도운 기술진과 직장 상사, 동료들에게 감사 인사를 전했다. 그들의 손을 마주 잡을 때마다 눈시울이 뜨거워 졌다. 그들의 위로와 격려를 받으며 인천 공장에서 10월 까지 기계 설비 확충과 시운전을 하며 성실히 일했다.

또 다른 큰 시련

우여곡절 끝에 1987년을 보내고 1988년 1월 초순, 어느 날 밤 새벽 3시. 전화가 왔다.

서울 상계동에 전세를 주고 온 집에서 온 전화다. 집에 불이 나서 모두 다 타 버렸으니 어서 와 달라는 내용이었다. 빨리 와서 사태를 수습해야 한다고.

일단 아침 출근해 화재가 났다는 사실을 보고하고 휴가를 냈다. 설마 다 탔으랴 하는 마음으로 상계동 집에 도착하니 난리가 났다. 동지 한 겨울 엄동설한에 세입자는 나를 보자마자 전세금 당장 빼 달라고 난리고, 바로 옆집은 내 집도 같이 탔으니 보상을 해 달 라고 난리다. 소방차가 출동 해 화재 현장은 진 압 됐으나 남은 것이 없 었다. 집 터에 재만 덩그 러니 남았다.

　최대한 빨리 수습 하겠 다 세입자와 옆집 주인 에게 약속을 하고 화재 원인을 알기 위해서 관 할 종암 소방서를 찾았 다. 전기 누전으로 인한 화재라며 이는 전적으로 집 주인의 책임이란다.

　설마 집 주인인 내가 다 책임을 져야 하는 것인가 궁금해 돌 아오는 길에 법무사 사무실에 들렀다. 자문을 구하니 판례를 보여주었다. 전기 누전으로 인한 화재 시 소유주에게 그 책임 이 있다는 내용의 판례문이다.

　참으로 어찌하여 이런 일이,.. 고민 고민 하다가 전곡에 사 시는 매형에게 사실을 알리고 도움을 요청했다. 다음날 오신 매형과 의논 끝에 집터를 팔아 수습하는 길 말고는 방법이 없 다고 결론이 났다. 우선 불탄 집터를 팔아서 세입자의 전세 금과 불 탄 가전제품의 값을 보상해주었다. 같이 불 탄 옆 집

건물에 대한 피해를 보상해 주니 남은 돈 20만원, 눈앞이 캄캄했다.

어머니, 아내, 그리고 내가 어떻게 모아서 산 집인데 이렇게 없어지나. 매형과 함께 인천 숭의동 셋집으로 돌아와 가족들에게 모든 사실을 알렸다. 집터를 팔아 다 해결 하고 20만원 남았다 하니 그야말로 울음바다다. 솔직히 말해서, 하나님을 원망하기도 했다.

하나님, 이럴 수가 있습니까? 너무 하신 것 아니냐고요?

네 보물이 있는 곳에 네 마음도 있느니라

마태복음 6장 21절 말씀이다.

"네 보물이 있는 그곳에는 네 마음도 있느니라"

정녕 하나님의 말씀이 옳다. 죽었다가 살아나기를 두 번이나 했지만 그때도 이렇게 어렵고 괴롭지 않았다. 어머니, 아내 모두 식욕을 잃고 힘들어했다. 출석하는 산성침례교회 담임 목사님과 상담을 했다.

"하나님이 집사님을 무척 사랑하십니다. 참고 견디세요. 기도하면서 이 고난의 터널을 빠져 나가세요."하며 함께 기도해 주셨다. 위로와 권면의 말씀도 해 주셨다. 그러나 귀에 전혀 들어오지 않았다. 목사님이니까 저렇게 말씀하시지. 지금 생각해도 참 괴롭고 견디기 힘들었다. 그래도 한 가지는 확실히 믿고 있었다.

하나님은 나를 변함없이 사랑하고 계신다.

참고 인내하고 이 고난은 이기자! 이겨내야 한다. 속으로 이 말을 반복하며 고난의 긴 터널을 빠져 나오려고 애쓰고 힘쓰며 기도하기를 계속했다. 그러나 마음과는 달리 몸은 고난을 이기기 힘들었다.

하루는 이런 일도 있었다. 당시 회사에서 거래하는 주거래 은행이 상업은행이었다. 입금된 급여를 찾기 위해 상업은행을 가야했다. 상업은행은 동인천 기독병원 앞에 있었다. 회사 통근버스를 타고 오다가 신포동 가톨릭회관 앞에서 내려 애관극장 쪽으로 가려는데 반대 방향에서 오던 대형버스가 인도로 돌진하여 나를 죽이려 달려드는 것이 아닌가.

너무 놀라서 길 옆 가로수 뒤에 숨어 나무를 부여잡고 한참이나 몸을 떨었다. 온 몸에 땀이 나고 얼마나 눈을 꼭 감고 있었는지 온 얼굴이 뻐근할 정도였다. 나무를 꼭 껴안고 있기를 얼마나 지났을까?

정신을 차려보니, 아무 일도 일어나지 않았다. 고난의 긴 터널에서 오는 공포 증세였다.

헛것을 본 것이다. 그런 경험을 여러 차례 겪었다. 똑같은 환상, 환청을 들은 것은 아니지만 죽을 것 같은 경험, 생명의 위협을 느낄만한 일들이 생생하게 실제로 일어난 것 같았다.

물론 아무것도 일어나지 않았다.

육체적 고통과 비교 할 수 없을 만큼 힘들었다. 이겨낼 수 없을 정도였다. 여기서 내가 믿음이 조금만 더 약해지면 미치광이가 되는구나. 낙심하고 계신 고령의 어머니와 사랑하는 아내, 여덟 살 아들 형주, 여섯 살 딸 은주. 내가 쓰러지면 우리 가정은 풍비박산이 난다.

"하나님, 도와주세요! 하나님, 도와주세요! 제 처지를 돌아보아 주세요. 이 어려운 환경에서 하루빨리 탈출하게 도와주세요!"

하고 날마다 기도하며 울부짖었다. 어려운 나날이었다. 그러나 일 년 동안에 몰려왔던 고난의 연속은 나를 하나님 앞에 서게 했다. 3월 자전거 사고로 일어난 뇌출혈 사건, 7월 저유탱크에서 실신한 채 추락한 사건, 상계동 집 전소사건. 이 모든 일을 지켜보았던 교회 목사님과 교우들, 직장 선후배 동료들, 일가친척들은 위로와 격려를 아끼지 않았다.

그러나 일년 내내 어려움을 겪는 나를 보며 수군거리며 빈정대는 사람들도 많았다.

교회를 다니는데, 왜 그렇게 어려운 시련이 계속되는지. 보기에 너무 안됐어. 이런 저런 소리가 귓가에서 떠나지 않았다. 스치듯 지나가는 이야기지만 우리 가족은 견디기 힘들었다.

"예수 믿는 사람이 왜 저래? 너무 어렵잖아."

나는 욥기서의 욥을 묵상하기 시작했다. 분명 하나님이 나와 함께 하시고 돕고 계신다. 어떻게 도우시냐고? 평생 한 가지만 겪어도 힘 들 일을 일 년에 세 번이나 겪었는데?

가족 건강한 것.

뇌를 크게 다쳐 살아날 수 있는 확률 1%를 100%로 바꾸어 주신 것.

살아난다 하더라도 100% 식물인간이 될 것이라는 진단을 100% 오진으로 만드신 것.

산소가 없어 죽어가는 나를 일으켜 세워 사다리를 잡고 올라오게 하신 것.

집이 모두 불 타는 상황에도 누구하나 다친 사람이 없게 하신 것.

하나님, 감사합니다. 부지런히 열심히 살겠습니다. 도와주세요. 주변 사람들의 조롱거리가 되면 하나님 영광을 가립니다. 지금 나를 조롱하는 저들에게 예수님은 지금도 살아서 역사하고 계신다는 것을 저들에게 보여주게 하옵소서. 아멘!

4부

도우시는 하나님

입학과 이사

1988년 3월. 아들 형주가 용정초등학교에 입학했다. 내가 학부모가 됐구나. 아이가 초등학교 입학식을 하고 학교를 다니기 시작하면서 정신적 안정이 왔다. 아이가 입학을 하자 어머니께서 말씀하셨다.

"지나간 일은 모두 잊고 앞으로 살아갈 생각을 하자"

말씀이 없으시고 신중하신 이춘란 집사님께서 손주들을 봐 줄테니 함께 직장을 다니라고 하셨다. 아내의 의견도 같았다. 그 해 6월 인천의 서구 석남동에 있는 새인천 아파트로 이사했다. 그때 우리 다섯 식구가 가진 전 재산은 450만원이었다. 전세금까지 합 한 돈이니 그야말로 우리가 가진 전부였다. 십여 년 전 빈털터리로 서울에 올라온 것에 비하면 부자가 됐지만 집 한 채 구하기에는 터무니없이 적었다.

아내와 상의해 400만원의 빚을 얻기로 했다. 가진 돈 450만원, 빚을 낸 돈 400만원. 그렇게 850만원을 가지고 인천 서구 석남 2동 새인천아파트를 샀다. 그리고 이사했다.

서구로 이사 한 이유는 아내가 영창악기라는 회사에 출근하기 시작했기 때문이다. 그 시절, 석남동 경제는 영창악기 경제라고 할 만큼 영창악기가 호황기를 누렸다. 아내가 그 회사에 취업했기 때문에 회사 가까운 석남동을 택했다.

18평짜리 아파트였지만 너무 좋았다. 어머니 방도 따로 드릴 수 있었고 아이들 방도 따로 줄 수 있어 기뻤다. 지금까지 살아보지 못했던 넓은 집이기에 형주, 은주도 무척 좋아했다.

다니던 산성 침례교회 이천수 목사님이 심방을 오시고 이사예배를 드려 주셨다. 새롭게 정 붙인 그 교회를 계속 다니고 싶었지만 너무 멀었다. 차도 한 대 없이 다섯의 식구들이 차를 여러 번 갈아타고 산성침례교회를 다니기에는 너무 힘들었다. 가까운 곳에 교회를 정하고 신앙생활 하겠다고 목사님께 말씀드렸다.

형주는 용정초등학교에서 석남서초등학교로 전학했고 딸 은주는 가까운 어린이집으로 보냈다. 그리고 이 곳에서 다시 하나님의 도우심이 나타나기 시작했다.

서인천제일교회와 이형진 목사님

1988년은 이사와 전학 등으로 무척 분주했다. 월요일에 이사를 하는데도 아직 나갈 교회를 정하지 못했다. 기도하는 중에 어머니와 아내가 시장에서 한 목사님을 만났다며 노방 전도를 하시는 열심히 대단하시더라는 이야기를 했다. 아내와 어머니의 말씀을 듣고 돌아오는 주일에 목사님을 찾아가 예배를 드렸다. 예배 후에 교회에서 마련한 식사를 나누며 두루 이야기를 나누어보니 훌륭한 목사님이셨다.

감리교 교단에서 권사님으로 교회를 섬기며 사업을 크게 하셨던 분으로 늦게 하나님의 부름을 받아 신학을 하셨다. 자비로 120평 규모의 교회와 사택을 건축하고 개척교회를 시작하셨다. 1~2년 만에 100명 이상의 성도가 모인 교회로 부흥했고 지금도 나날이 부흥하는 좋은 교회였다. 이형진  목사님, 김영수 사모님. 남에게 주기를 그렇게 좋아하셨고 목회의 열정이 대단하였다.

30여 년이 지난 지금도 기억에 남는 것이 있다. 매 년 설이 되면 일흔이 넘으신 성도를 직접 찾아가 기도해 주시며 세배를 하고 세뱃돈을 봉투에 넣어(1만원) 드리는 새해 심방이다. 새해 심방을 받은 어르신들이 얼마나 기뻐하시는지!

어머니도 신앙생활에 신바람이 나서 평소에도 열심히 하셨지만 교회 섬기기에 열심을 더하셨고 시장에 가서 맛난 것 사면 꼭 2개를 사서 집으로 오기 전에 교회에 들려 목사님께 먼저 하나를 드리곤 하셨다.

목사님으로부터 권사 직분도 받으셨고 우리 부부도 교회와 목사님을 잘 섬겼다. 나도 목사님의 사랑을 받으며 유초등부 부장의 직분을 받아 전도에 열심이었다. 주일학교 학생 전도 뿐 아니라 회사 동료들을 여러 명 전도해서 교회로 인도했다. 시간이 나면 말씀 읽고 기도하며 전도하기를 쉬지 않았다.

신앙생활과 가정생활이 안정되며 어려웠던 고난의 긴 터널을 나온 것 같았다. 심장병으로 어린 나이에 하나님의 사랑과 성령님의 역사하심을 체험한 딸 은주도 어느덧 초등학교에 입학했다. 병이 낫고 건강하게 잘 자랐다. 성격이 아주 좋은 어린이로 성장해 많은 이들에게 사랑을 받았다. 나와 아내 역시 은주를 사랑하고 또 무척 귀여워했다.

형주와 은주가 학교에 입학하고 나서 매 년 3월이면 꼭 하는 일이 있다. 아이들의 담임선생님을 직접 찾아뵙는 일이다. 촌지는 못 가져갔지만 음료수 정도 들고 가서

"선생님, 저는 형주와 은주의 아빠입니다. 우리 아이가 학교생활에 잘 적응합니까. 친구들과 잘 어울려 생활하는지요. 말씀을 안 듣고 선생님을 힘들게 하면 매를 들어 때려도 좋으니 선생님, 그렇게 해주십시오."라고 부탁드렸다. 그것이 내가 아이들에게 해 줄 수 있는 사랑의 표현이었다.

해가 지나고 1991년이 되면서 교회와 믿음에 대한 내 마음이 조금씩 식어갔다. 아무 이유 없이 신앙생활에 열심이 줄었다. 대한예수교 장로회 합동 보수 교단을 알아보기로 했다.

집 가까운 곳에 500명 정도 모이는 서인천중앙교회가 있었다. 담임목사 성세경 목사님의 설교 말씀에 은혜가 충만하다고 소문이 자자한 교회였다. 한번 가서 예배를 드리니 말씀에 은혜가 있었고 성령님의 역사하심이 느껴졌다. 같은 해 12월 초순쯤, 이형진 목사님을 찾아가 상담하고 이듬해 1992년 1월 첫 주부터 서인천중앙교회로 가족 모두 출석했다.

3년 동안 출석하며 마음의 안정과 가정에 화평을 주었던 서인천제일교회 이형진 목사님, 특히 어머니가 좋아하셨던 인정 많으시고 남달리 베풀기 좋아하시는 목사님과 이별했다. 그리고 다음 해인 1992년 서인천 중앙교회에서 새롭게 신앙생활을 시작했다. 옮긴 교회는 목사님의 영력이 왕성한 교회였다. 성도의 모이는 수가 날마다 더해가는 교회다. 목사님은 1년에 40회 정도 부흥 집회에 나가시는 부흥사로 유명했다. 서인천중앙교회에서는 주일 학교 중고등부 교사로 임명받아 반 목회로 충성했다.

도우시는 하나님

1993년 5월 어느 날, 서울에 갔다 오는 길에 동암역 북 광장 한국아파트 모델하우스에 우연히 들렀다. 미분양 된 아파트가 몇 개 있다고 했다. 25평, 32평, 48평 중에 32평짜리가 마음에 들었다. 집에 와서 아내와 상의했다. 아이들도 크고 하니 집을 옮길까. 다음날 다시 가 보기로 했다.

다음날 가서 보니 아내도 마음에 들어 했다. 어머님이 계시니 높은 층은 불편할 것 같다고 해서 2층에 있는 32평 아파트를 계약했다. 총 분양가가 6천900만원이었다. 서부경찰서 앞 한국 아파트로 1994년 11월 입주 예정인 새 아파트다. 다행히 살고 있던 새인천 아파트는 88올림픽 이후 거래가가 급상승해 3천500만원에 팔수 있었다.

850만원에 산 아파트를 3천500만원에 팔았다. 하나님의 도우심으로 아내와 열심히 일하며 살다 보니 돈이 조금씩 모이기 시작했다. 1994년 11월 11일, 한국아파트로 이사했다. 18평에 살다가 32평으로 옮기니 집이 대궐 같았다. 그렇게나 어려웠던 세월이 불과 7~8년 전인데 이렇게 축복의 길을 열어주시는구나. 하나님, 너무 감사합니다. 곁에서 도우시는 하나님께 늘 감사하며 살 수 있었습니다!

"넓은 아파트 주심을 감사합니다!"

집 안 거실에 현수막을 붙이고 집들이를 했다. 교회 목사님 모시고 교우들, 가족 친지들, 직장 동료들과 함께 집들이를 세 번이나 했다. 많은 사람들로부터 축복을 받았다.

집을 넓혀 가는 것도 기쁜 일이지만 섬기는 주의 교회가 부흥하는 것도 참 기쁜 일이다. 다니는 서인천 중앙교회의 성도 수가 늘어 새 예배당을 마련했다. 교육관 건물과 주변 공간을 포함해서 250평 대지에 바닥 면적 170평짜리 3층 예배당을 건축했다. 1,100명이 동시에 예배할수 있는 교회에 입당하던 1996년 12월, 안수집사로 임직을 받았다. 임직식에서 감격해 많은 눈물을 흘렸다. 내가 뭐라고, 나를 이렇게 사랑하시니 감사하고 또 감사했다.

새 성전에서 목사님을 마주칠 때 마다 새 성도를 이삭줍기 하여 일천 명 출석이 곧 이루어 질 것이라고 기대의 덕담을 나누었다. 기도로 목표를 세워 전도에 힘썼지만 하나님의 뜻이 어디에 있는지 쉽게 이루어지지 않았다. 그러나 교회는 꾸준히 성장했다. 지방에서 이사 온 어떤 교우는 대구 부흥 집회에서 목사님 말씀에 많은 은혜를 받았는데 인천으로 이사를 오게 되어 물어물어 왔단다. 이렇게 찾아오는 성도들이 있을 정도였다. 교회가 성장하며 우리 가정도 점점 평안해졌다.

아들 형주는 석남서 초등학교를 졸업하고 제물포 중학교와 선인 고등학교를 거쳐 경희대 대학원을 졸업했다. 그리고 이트레이드 증권사에 바로 입사했고, 현재 키움투자자산운용사에 근무한다.

심장병으로 나와 아내를 하나님 앞에 서게 한 우리 은주는 서곶 초등학교와 서곶 중학교를 졸업하고 백석 고등학교를 나와 성신 여대를 졸업했다. 심장에 이상이 있는데도 체육 교사를 했다! 얼마나 큰 간증의 역사인가! 지금은 개인사업 중이다.

아들과 딸 모두 공부를 잘해 장학금을 받으며 학교에 다녔다. 취업도 쉬워 대학을 졸업하기 전부터 직장에 나가는 취업의 축복을 받았다. 한국 하인즈에 계속 재직하던 나는 3교대 근무라는 특수한 상황으로 온전한 주일 성수가 어려웠다. 3주에 한 번은 주일 출근을 해야하는 형편이라 늘 하나님 앞에서 죄송스러웠다. 또 다시 기도의 자리에서 온전한 주일 성수, 온전한 주일 성수 노래하듯 기도했다.

너희가 나를 택한 것이 아니요 내가 너희를 택하여 세웠나니

평범한 어느 날, 회사에서 누님의 전화를 받았다. 누님은 내가 떠나온 연천군 전곡읍 신답리에 살고 계셨다. 매형이 큰 병이 들어 의정부 신천병원에서 못 고친다고 해 지금 서울 경희의료원에 입원 치료 중이라는 내용의 전화였다.

나는 큰 충격을 받았다. 내가 외아들이기에 매형을 친 형처럼 따랐고 집안의 대소사를 늘 매형과 의논해서 처리했기 때문이다. 매형은 인정이 많고 덕망이 있으신 분이었다. 슬하에 3남 2녀의 자녀를 두었는데 딸 둘은 출가했고 아들 셋은 결혼을 못 시킨 처지. 아직도 할 일이 많이 남아 있는데….

지난 7월 여름휴가도 함께 보냈다. 누나 집으로 피서를 가니 무척 반기시며 한탄강에 가서 고기를 잡아 매운탕 끓여 먹으며 즐겁게 보낼 때만해도 건강하셨는데 이게 무슨 날벼락이란 말인가?

소식을 들은 이튿날 회사에 연차를 내고 경희의료원으로 달려갔다. 가 보니 얼굴에 병색이 완연한 중환자였다. 담당 의사에게 물으니 간암 말기란다. 회생이 어려운 상태라는 것이다.

"수술은 못하고 항암 약물치료를 해 보지만 2개월을 넘기기 어려울 것 같습니다. 가족들과 상의해서 퇴원시키고 맛있는 것 드시게 하고 보내시는 것이 순서인 것 같습니다"

의사의 원망스러운 진단을 받아들일 수 없었다. 그렇지만 어쩔 수 없는 현실이다. 90년대는 환자에게 병명이나 남아 있는 시간을 병원에서 알려주지 않았다. 환자가 사실을 알면 삶을 쉽게 포기하고 좌절할 것으로 여겼기 때문이다. 주변 보호자들도 어렵고 백만분의 일이라도 살 수 있다는 아주 작은 희망도 사라질 것을 염려했다.

의사의 말에 누나는 흐느껴 울었다. 나도 누나를 껴안고 함께 울었다. 그렇게나 인정이 많으신 매형이 앞으로 얼마 못 산다니 정말 슬펐다. 매형은 다섯 형제 중 넷째로, 전곡에 사시는 셋째 형님이 오셔서 병원 일을 돕고 계셨다. 그 사돈이 앞으로 진행 여부를 결정하신다고 했다.

인천으로 돌아오면서 기차안에서 "예수님을 전혀 모르는 매형이지만 우리 창조주 하나님의 손길만 닿으면 분명 고칠

수 있습니다. 불쌍히 여기시고 고쳐 주세요."하고 하나님께 반복하며 기도했다.

며칠 후, 집으로 퇴원했다는 연락을 받았다. 또 며칠이 지난 어느 날은 연락이 왔는데 매형이 통증으로 고통스러워해 전곡 의원에 입원시켰다고 했다. 어머니와 아내에게 이 사실을 알리고 가족회의를 했다. 매형을 저대로 가게 할 수 없으니 은주를 기도해 주신 김계화 전도사님을 찾아가자. 지금 포천 할렐루야 기도원에서 매주 목요일 철야 집회를 인도하면서 사망선고 받은 많은 환자를 고치신다니 우리도 가자. 아내와 내가 각각 회사에 휴가를 내고 매형과 포천 할렐루야 기도원에 가기로 했다. 가서 매형과 기도를 받기로 했다. 그 때가 1992년 10월이다.

1992년 10월 마지막 주, 목요일부터 토요일까지 3일간의 연차 휴가를 받았다. 기차를 타고 우선 경기도 연천군 전곡읍 매형이 입원해 있는 의원으로 갔다. 매형의 상태는 차마 볼 수 없을 정도였다. 전신이 뼈만 남았을 정도로 말라 있었고 배에는 복수가 차서 볼록해져 있었다. 그러나 정신은 맑고 온전하셨다.

힘들지만 대화는 나눌 수 있었다. 병원에서는 환자의 고통이 심하니 진통제만 처방하며 심장이 멈추고 돌아가시는 날만 기다리는 상황이었다. 나는 매형의 형님인 사돈을 설득해야 했다. 매형을 모시고 기도원에 가야겠다고 몇 시간동안 매

달리며 졸랐다. 현대의학으로 못 고치고 죽는 날만 기다리고 있는데 살길이 있으니 모시고 가게 해 달라, 죽는다는데 못 해 볼 것이 무엇이냐. 죽기 전에 뭐라도 해 봐야 하는 것이 아니냐며 애원하며 매달렸다. 그러나 사돈과 매형은 이대로 죽게 해달라는 것이었다. 하지만 결국 사돈은 아내와 내가 간청하는 것을 거절하지 못하고 승낙했다. 매형도 그렇게 하겠다고 해서 병원에서 내 준 앰뷸런스를 타고 할렐루야 기도원으로 향했다.

넓은 기도원에 사람들이 꽉 차 있었다. 집회는 이미 시작됐고 김계화 전도사님은 말씀 중에 계셨다. 집회는 뜨거워 매형 부부, 나와 아내는 앉을 자리조차 찾질 못했다. 주변을 둘러보니 휠체어 환자들이 한쪽 편에 두 줄로 있었고 많은 수의 중병 환자들이 빼곡했다. 강단에는 이십여 명의 목사님들이 강대상 좌우에 앉아 있었다. 집회는 성령님이 임재 하셔서 역사하시는 듯 뜨겁게 진행중이였다.

기도원 측에서 안내해 주는 곳에 우리 일행이 자리를 잡고 급히 메모지에 "전도사님, 집회 마치고 꼭 이 환자에게 안수기도 해 주세요"라고 적어서 강대상으로 가지고 가서 전도사님께 전했다. 예수의 예 자도 모르는 매형과 누님은 처음 보는 광경이요, 기도 소리, 찬송 소리에 몹시 당황하는 표정이었다.

1985년, 딸 은주가 지금 김계화 전도사님으로부터 안수기도 받고 심장병 고침을 받았을 때, T.B.C.동양방송 추적 60분 이란 프로에서 김계화 전도사님의 손을 "신비의 손"이란 표현을 했다. 아픈 부위에 손을 대면 마치 칼로 찢는 것 같이 살이 찢어지며 그 속에서 암 덩어리를 꺼내는 정말 이해하기 힘든 현장을 그 날도 볼 수 있었다.

집회를 마치고 환자들에게 안수기도를 해주시는데 드디어 우리 차례가 되었다.

오셔서 매형에게 묻기를 예수를 믿느냐고 물으니

"몰라요."

누님에게도 똑같이 예수를 믿느냐고 물으니

"아니요, 몰라요." 대답했다. 그러면 누가 믿느냐고 물으실 때 저희 내외가 "믿습니다!"라고 크게 대답했다.

관계는 어떤 관계냐고 물으시기에 "나의 매형입니다."라고 말하니 본인의 믿음이 있어야 병 고침을 받을 수 있다며 기도해 주지 않고 그냥 다른 환자에게로 가시는 것이 아닌가. 너무 서운했다. 기도를 받지 못한 우리를 보고 주변에서 권사님들이 몇 분 오셔서 기도해 주셨다. 창동에 사시며 지적공사에 다닌다는 어느 교회 집사님은 자신도 간암 말기 환자였다면서 이곳에서 기도 받고 치료받아 다 나았다고, 이제 상처 부위만 아물면 된다고 했다.

"저도 열심히 기도할 테니 힘내세요. 용기를 가지세요."

라고 격려해 주시고 머무는 동안 자주 오셔서 기도해 주셨다. 순식간에 대여섯 분의 기도후원자가 생겼다. 매형에게 주 기도문, 신앙고백(사도신경)을 암송하도록 권했다.

요한복음 1장 12절 말씀 "영접하는 자 곧 그 이름을 믿는 자들에게는 하나님의 자녀가 되는 권세를 주셨으니" 요절을 기억하시라고 했다. 그리고 예수님을 진심으로 영접하고 믿으면 이까짓 병쯤은 반드시 낫게 해 주실 거라고 마치 세뇌하듯 주지시켰다.

당시 기도원은 숙식이 무료였다. 밥은 기름기가 잘잘 흐르는 찰밥으로 양껏 먹을 수 있도록 반찬과 함께 제공했다. 나중에 알고 보니 기도원 규모는 단층 건물로 777평이고 찰밥 무료 제공. 어떻게 비싼 찰밥을 그냥 주시나. 그것은 일본 어느 재벌 2세가 죽을병에 들었는데 기도원 원장인 김계화 전도사님의 안수기도를 받고 병이 나아 감사의 표시로 찹쌀 수만석을 보내주었기에 가능한 일이었다.

그 찹쌀이 많이 남아 앞으로도 꽤 오랜 세월 지금처럼 제공이 가능하다고 했다. 기도원에 머물기를 목요일부터 토요일까지 3일 동안 매형은 어떻게든 병을 이기려는 의지를 보이셨다. 매형은 "할렐루야, 아멘!" 하시며 직접 신앙을 고백하고 외쳤다.

토요일 오후가 되면 우리 부부는 집으로 돌아가야 했다. 매형과 누님께 우리는 오늘 오후에 집으로 가야 하니 이곳에 계속 남아 기도를 받으시라, 도와주시는 여러분들이 계시니 기도하면 하나님께서 나의 병을 고쳐주실 거라고 믿고 의지하라고 했다. 목요일까지 믿음으로 기다리면 김계화 전도사님의 기도를 받을 수 있으니 꼭 병을 치료하고 그렇게 해서 나으시라 간청했으나 받아들이지 못하셨다. 한사코 집으로 돌아간다고 하셨다.

"매형, 여기 머물면서 하나님께 살려달라고 애원하면 살 수 있어요."

몇 차례 간청해 보았지만 죽더라도 집에 가서 죽겠다고 고집을 피우셨다.

기도원 밖으로 나와 잠시 걸으면서 사람이 죽음 앞에 이르면 지푸라기라도 잡으려고 살기 위해 애쓴다더니 이건 아니다. 죽음을 눈앞에 둔 상황인데. 하나님 저는 어떻게 해야 하나요. 묵상중에 문득 이 말씀이 생각났다.

"너희가 나를 택한 것이 아니요 내가 너를 택하여 세웠나니"

그렇다면 매형은 불택자란 말인가? 이곳을 떠나시면 며칠 안 가 돌아가실 텐데 어쩌면 좋은가. 나를 부르시고 택하여 주신 하나님께 다시 한번 기도했다.

"하나님 나를 택해 주셔서 감사, 감사합니다. 나를 사랑해 주신 하나님, 우리 매형도 사랑해 주십시오. 꼭 구원 받아 병을 낫게 해 주십시오."

결국, 그날 오후 매형은 누님과 함께 신답리 집으로 가셨다.

우리 부부는 우리의 몫이 여기까지 인가보오, 하며 하나님께 맡기고 인천 집으로 돌아왔다. 금춘교회(신답리) 목사님께 이 사실을 알리고 심방 해 주실 것을 간곡히 부탁드렸다.

그리고 주일이 지난 월요일 매형은 소천 하셨다. 그래도 마지막 임종하실 때 "할렐루야, 할렐루야, 아멘!"을 연발하셨단다. 비록 병 치유는 받지 못하셨지만 부끄럽더라도 구원은 받으셨다는 생각에 위로가 되었다.

전도하시면서 가신 하늘나라(저도 하나님 목요일에 부르세요)

2004년 7월이 되면서 우리 회사도 정부의 시책에 따라 주 5일 근무제를 시작했다. 일하는 시간이 빠지니 월급은 줄었지만 떳떳하게 "온전한", "주일성수" 할 수 있게 됐다. 오랜 세월 먹고 살겠다는 변명으로 교회 가서 예배드리지 못하고 직장에서 일했으니 하나님 앞에 얼마나 부끄러웠고 죄송스러웠는지 모른다.

분명히 하나님은 하나님의 날을 구별하여 거룩히 지키라고 명령하셨는데, 주일 성수도 못 지켰다. 그러면서 주일학교에서 어린이, 학생들을 가르쳤으니 그 마음이 평안하지 못했다. 그런데 이제는 그 멍에에서 해방 되었으니 정말 기뻤다. 너무,

너무 감사했다.

1994년, 서구 심곡동 한국아파트 이사 후 1995년부터 연희동 15통 통장을 맡았다. 통장 일을 하면서 관계 전도에 나섰다. 통장은 주민들을 많이 만나 부담 없이 대화할 수 있는 좋은 자리였다. 틈틈이 아파트 노인정도 돌아보고 입주자 대표회의 일도 하고 분주하고 바쁘게 살았다. 심곡동에서 살며 아들, 딸이 잘 자라 공부도, 행실도 모범적으로 잘 자랐다. 둘 다 대학까지 걱정 없이 성장했고 우리 가정은 평안했다.

어머니는 아흔이 넘으셔도 시장을 혼자 다니실 정도로 건강하시고 손수 본인 빨래를 해결하실 정도였다. 그렇게 평안한 나날이 지나던 중 2002년 10월 4일, 건강하시던 어머니가 화장실에서 넘어져 다치셨다. 집 옆 가까운 성민병원으로 모시고 가니 골반 뼈가 부서졌단다. 수술해서 뼈를 맞추어야 하는데 어머니는 고령이라 마취에서 깨어나지 못하고 돌아가실 수도 있으니 수술을 할 수 없다고 했다.

"그러면 어떻게 해야 합니까? 몹시 고통스러우실 텐데 그 모습을 어떻게 본단 말입니까."

원망하듯 물으니 진통제를 써서 통증을 줄이고 뼈가 서로 붙는 촉진제를 쓰며 뼈가 서로 엉겨 붙기를 기다리는 방법 외에는 없다고 했다. 이것도 그런대로 나을 수 있는 치료 방법 중 하나이니 약을 받아 집으로 돌아가란다.

다른 방법이 없으므로 어머니를 모시고 집으로 돌아왔다. 보건소에서 빌려 온 침대에 어머니를 모시고 곁을 떠나지 않았다. 어머니를 보살펴 드리며 많은 생각을 했다.

온유한 성품으로 차분하며 언제나 말씀이 없으셨던 어머니. 얼마나 아프실까? 그래도 아프다는 내색 한 번 없이 괜찮다는 말씀만 하셨다.

"어머니 많이 아프세요?"

"나는 괜찮다."

거동할 수 없어 침대에 누워서 말씀만 하시는 어머니를 보며 날마다 정말 많은 눈물을 흘렸다. 할머니가 좋아하시던 아이스크림 풍년빵, 국화빵을 아이들이 매일 사 왔다. 아이스크림을 들고 곁에서 할머니 잡수세요 하면 그래 우리 형주, 은주가 효자다. 하시던 그 말씀, 지금도 귓가에 쟁쟁하다. 어머니가 다치셨다는 연락을 받은 누나와 누이동생이 와서 의논해 보았지만 다른 치료 방법이 없어 걱정뿐이었다.

어머니께서 나보다 3년 정도 먼저 예수를 믿으셨기에 우리 집안의 복음의 씨앗이 되셨다. 아들, 딸, 손주들이 잘되기를 누구보다도 많이 기도하셨던 어머니.

10월 17일, 다치신지 이 주 만에 하나님의 부르심을 받고 천국으로 가셨는데, 심장의 박동은 분명히 멈추었고 사망하신 것이 분명한데 얼굴을 보면 꼭 살아계신 것 같았다.

친지들에게 알려야겠는데 도저히 돌아가신 것 같지 않아 한 시간이 넘도록 지켜만 보았다. 밤 11시가 돼서야 겨우 어머니의 소천을 친척, 교회, 지인들에게 알렸다. 어머니를 경서동 신세계 장례식장으로 모셨다. 장례를 치르면서 입관하기 전에 장례식장 측에서 유족들이 와서 마지막으로 어머니를 보라고 했다.

염사가 몸 씻기고 수의를 입히는 과정을 보니 골반쪽은 시퍼런 멍이 들었지만 얼굴만은 환한 표정이셨다. 어머님은 천국에 가신 것이 틀림없구나, 다시 만날 수 있겠다. 나도 천국에 가면 어머니가 가장 먼저 용수야 하며 뛰어나오시겠구나. 슬픔보다는 기쁨의 눈물을 흘렸다.

그때 염을 하셨던 두 분께서 하시는 말씀이 나이가 아흔이 넘으셨는데 이렇게 깨끗하고 환한 모습으로 소천하신 분은 처음 뵌다고 했다. 좋은 곳에 가신 것이 확실 하다고 위로해 주었다.

"이 모습을 보니 할머니가 믿었다는 그 예수를 우리들도 믿고 싶네요."

라는 고백을 듣자마자 바로, 자동으로 말이 나왔다. 찬스는 지금이다,

"네, 제가 잘 안내해 드릴테니 꼭 교회에 오세요."

하며 몸에 꼭 지니고 다니던 전도지를 바로 전해 드렸다. 상중에서도 생명의 말씀을 전도하도록 어머니가 그 발판을 만드셨구나. 얼마나 감사한 일인가.

빈소 영정 앞에 외아들이기에 아들과 둘이 서 있기가 외로웠다. 그리고 이제 나를 위해 기도해 주시던 큰 울타리가 무너졌구나. 누가 나를 위해 그만큼 기도해 줄 수 있을까. 이런저런 생각을 하며 상주를 하고 있으니 나도 모르게 눈물이 났다. 상주가 적어 영정 앞이 쓸쓸하고 내가 너무 슬퍼하는 모습을 본 큰 처남이 상복을 입고 도와주셨다. 그때 나를 조용히 위로하고 도우시던 큰 처남의 고마움은 지금도 잊지 못한다.

교회에서 담임 목사님과 많은 성도께서 어머니 가시는 마지

막 길에 오셨다. 임종, 입관, 발인, 하관 예배마다 오셔서 위로해 주시고 함께 해 주셨다. 모든 과정이 은혜로워 하나님께 감사할 수 있었다. 많은 친척, 친지, 교우님들의 위로와 기도 덕분에 좋은 일기 가운데 순서 순서마다 은혜롭게 장례식을 무사히 마쳤다. 다음 날이 주일이기에 누님 가족들, 누이동생 가족들 모두 교회로 가서 예배를 드렸다.

예배를 드리며 하나님 말씀으로 위로 받고 교회에서 식사한 후 누님 가족은 대부분 연천으로, 누이동생 가족은 대전으로 향했다. 하늘나라 가신 어머니 우리 이춘란 권사님. 52년 동안 객지생활 2년여를 제외한 50여 년을 한집에 함께 살아서일까.

너무 많이 그리워 돌아가시고 1년 동안 어머니가 계셨던 방이 들어가 울기도 많이 울었다. 천국 가서 만날 것이라는 확신은 있었지만 모정의 크고 깊은 사랑을 잊을 수가 없었다. 어머니는 가셨지만 하나님의 도우심이 함께 하시므로 나의 가정은 평안했으며, 병원에 가는 일조차 거의 없었다.

5부

소중한 나의 금딱지

장로로 세우시는 하나님

2006년 당회장 성세경 목사님께서, 2007년에 교회에 일꾼을 세우려고 한다시며 장로, 안수집사, 권사 후보자들을 정하시고 기획위원회에서 이를 공지했다. 그때 나는 기획위원회의 서기였다. 특히 장로 후보자들은 총회 성경통신대학 과정을 수료해야 자격이 되니 공부하라시며 교회에서 교재는 무료로 제공하겠다고 하셨다.

교회행정학, 성경개론, 교회사, 기초 교리학 등 4과목의 교재를 받아들고 나 같은 부족한 것이 장로가 될 수 있구나 하며 감사의 기도를 했다. 네 과목을 기쁜 마음으로 재미있게 배웠다. 은혜 충만한 가운데 열심히 공부해서 2007년 2월 사당동 총신대학으로부터 수료증을 받았다. 그리고 그해 10월 투표를 통해 5명의 장로를 뽑았

는데 그 중에 이 부족한 종이 포함되었다.

　많은 성도와 지인의 축하를 받으며 2007년 12월 9일, 동인천 노회 목사님들과 장로님들의 축복속에 장립을 받았다. 나와 아내는 대한예수교 장로회(합동보수) 서인천 중앙교회 장로와 권사가 됐다.

　성경 통신대학 과정을 마쳤을 때, 당회장 목사님께서 장로 후보자들 모두에게 "내가 장로가 된다면 어떻게 할 것인가?"라는 주제로 리포트를 써내라고 하셨다.

　기도하면서 이 부족한 것이 할 수 있는 것이 무엇이 있을까? 고민 끝에 어머니께서 하셨던 좋았던 것, 그리고 평소에 해오던 것을 써내기로 했다. 그때 장립을 함께 받았던 친구들은 또래의 나이에 한 기관 전도회에 속해 있었다. 가족처럼 지내는 분위기였으니 (조한유, 문명국, 박용수, 황종수, 황선길) 새 성전 입당과 함께 임직예배를 드렸기에 목사님 목회에 탄력을 받을 수 있었다.

교회 앞 주차장 부지도 312평 매입해서 사용하기로 하면서 교회는 꾸준히 성장해 갈 수 있었다.

다음은 내가 쓴 리포트 전문이다.

1. 당회장 목사님을 위해 최선을 다해 돕겠습니다.
    1) 목사님을 위해(영력, 지력, 체력) 기도 하겠습니다.
    2) 좋은 것, 슬픈 것 함께 하겠습니다.
    3) 맛난 것 대접 하겠습니다.
2. 예배에 모범이 되겠습니다.
    1) 앞자리에 앉겠습니다.
    2) 예배 시간 10분 전에는 예배 준비 완료 하겠습니다.
    3) 단정한 차림으로 예배에 임하겠습니다.
3. 헌금 생활에 모범이 되겠습니다.
    1) 구별해서 드리겠습니다.
    2) 온전한 것으로 준비하여 드리겠습니다.
    3) 자원하는 마음으로 즐겨 드리겠습니다.
4. 전도 생활에 특별히 모델이 되겠습니다.
    1) 지상 명령이기 때문에.

2) 하나님께서 제일 좋아하시는 일이기 때문에.

3) 하나님께서 잘 하였도다 충성스러운 종이라고 칭찬
하시고 상 주신다 약속하셨기 때문에.

5. 봉사와 헌신에 모범이 되겠습니다.

　　1) 한 알의 밀알처럼 희생 하겠습니다.

　　2) 교회 청소 및 개·보수를 힘써 돕겠습니다.

　　3) 앞장서서 최선을 다하겠습니다.

6. 교회를 위하여 기도 하겠습니다.

　　1) 이단 세력에 미혹되지 않는 교회 되게 하소서.

　　2) 좋은 소문이 점점 멀리 퍼지는 교회 되게 하소서.

　　3) 마지막 때 방주의 사명 온전히 감당하는 교회 되게
　　하소서.

전도의 문을 여시는 하나님

2004년으로 기억한다. 처음으로 전 사원 종합검진을 실시
했다. 검진을 받았더니 이상이 있다고 재검진을 받으라는 공
문이 내려왔다. 병원에 갔더니 담낭에 담석이 몇 개 있다며 아
프지 않았느냐고 의사가 물었다. 전혀 아프지 않았기에 예, 전
혀 아픈 것 모르고 지냅니다, 라고 대답했다. 이 담석이 자라
지 않고 그 상태로 있으면 별 문제 없는데 일반적으로 자라기
때문에 그렇게 아시고 앞으로 지켜보자고 말 했다.

그 후 2년이 지나고 다시 건강검진을 받았다. 2년마다 회
사에서 종합검진을 제공했기 때문에 다시 그 병원으로 갔다.

담석이 많이 커졌는데 아프지 않느냐고 의사가 또 물었다. 그 부위가 아파본 적이 없으니 없다고 말했다. 의사가 말하기를 언젠가는 수술을 해야 한단다.

담낭 안에 담석이 있는 것은 레이저로 수술이 불가하고 간에 붙은 담낭을 떼어내야 한다고 했다. 그러면 쓸개가 없어도 건강 상태는 괜찮은가, 물으니 쓸개 역할이 담즙을 생산하는 공장이라 생각하면 된다고, 담즙을 생산하여 담도를 통해서 십이지장으로 보내는 것이라고 했다. 담즙은 소화촉진제라고 이해하면 된다고. 자세히 설명해 주는 의사의 말을 귀담아 듣고 집에 와서 가족들에게 알려주었다. 그리고 아픈 곳이 없이 잘 지냈다.

2007년 가을 어느 날, 야간에 출근 해 일 하다가 자정에 식사를 하고 물을 마셨더니 딱 체한 것처럼 배가 아파왔다. 복통이 점점 심해지니 급한 대로 바늘로 따 보았지만 통증은 점점 심해갔다. 직장장에게 이야기를 하고 차를 운전하여 인하대병원 응급실로 갔다.

응급실 도착하니 새벽 2시가 다 됐다. 건강점진 결과를 이야기 하니 알았다면서 의사가 올 때까지 아무런 조치도 없이 방치하는 것이 아닌가. 간호사들에게 사람이 죽도록 아픈데 이렇게 두는 병원이 어디 있느냐 빨리 진통제라도 주사해서 아픈 것을 멈추게 해달라고 소리 소리를 질렀지만 하는 말이 참는 것도 치료의 한 부분이란다.

그러기를 몇 시간이 지나고 아침 9시가 돼서야 의사들이 출근했다. 그제야 진통제를 놔 주었다. 이틀 동안 병원에 입원해서 이곳, 저곳을 검사한 후에 담낭 제거 수술을 해야겠다는 결론이 나왔다.

그런데 지금 그 분야에 일인자이신 이건영 박사님이 외국에 갔으니 이틀을 기다려야 한다고 했다. 이틀이 지난 후 이건영 박사님으로부터 수술을 받고 회복실로 왔더니 같은 방을 쓰는 환자들 모두가 다 담낭을 제거했단다.

각자 자기 담낭에서 꺼낸 담석을 수술실에서 받았는데 한 사람은 엄지손가락 한 마디 정도의 크기의 담석이 2개, 다른 한 사람은 엄지손가락 한 마디 정도의 크기의 담석 1개, 나는 강낭콩 크기의 담석이 4개였다. 금요일 오후쯤에 수술을 했기에 그 주일은 교회에 갈 수가 없어서 병원 안에 예배하는 곳이 있느냐고 간호사들에게 물으니 몇 시에 예배드리는 곳이 있으니 그 곳으로 가면 된다고 했다.

시간을 맞춰 불편한 걸음으로 예배실에 가니 100여명이 모여 찬송을 부르며 예배하는데 은혜가 넘쳐났다. 예배를 드리고 인도하셨던 분을 찾아가 인사를 했다. 잠시 마주앉아 궁금한 것을 물으니 주안장로교회에서 파송한 강도사라고 자신을 소개했다. 그리고 인천지역 종합병원이나 종합병원은 아니지만 규모가 큰 병원은 주안장로교회에서 파송한 전도사들 예배를 인도 하고 있다는 것이다.

아, 그렇구나. 그때 당시 인천에는 주안장로교회 교인 수가 가장 많다고 소문이 났었다. 주안장로교회 전도왕 안강자 권사님의 간증을 들은 적이 있었다. 그리고 담임 목사님인 나겸일 목사님의 명성도 높았다.

병원에서 퇴원하면서 '우리 교회도 내가 앞장서 병원 전도를 해야겠다, 하나님 방법을 알려주셔서 감사합니다'며 다짐했다. 그 후 나는 교회에서 가까운 병원 원무과를 방문하여 매주 수요일 병원 입원 환자에게 전도하겠다고 허락을 받았다. 허락을 받은 교회는 인천의료원, 나은병원, 성민병원 등 3개 병원으로 우선 이 세 곳을 전도하기로 마음을 먹었다. 그리고 기도하며 교회에서 병원 전도대원을 모집했다.

병원 전도를 시작하다

병원 전도 대원을 모집한다고 교회에 광고하니 열심 있는 권사님들이 동역하겠다고 나섰다. 박진애, 서광임, 윤명렬, 박학실, 정기자 권사 등 5명과 나 포함 6명이 2인 1조가 되어 매주 병원 전도에 나섰다. 허락을 받은 세 병원에 방문 해 전도물품을 들고 전도했다. 육신에 병이 들어서, 혹은 크게 다쳐서 입원해 있는 환자들에게 하나님의 복음이 길거리 전도보다 훨씬 더 잘 스며들었다.

　하루는 혼자서 거북시장을 지나다가 참사랑병원에 들어가 전도해야겠다고 하는 생각이 들었다. 병원에 들어가 보니 작은 병원이라 입원실이 몇 개 안되고 입원 환자도 많지 않았다. 어느 병실을 노크하고 들어가니 환자분이 창문가에 서서 밖을 보는데 무엇인가 고민스런 표정이었다. 나의 신분을 밝히고 교회에서 전도하러 왔다고 하니 거절하지 않고 예수님과 복음을 듣더니 자신의 이야기를 했다.

　오토바이 사고로 허리를 다쳤으며 어디에서 무엇을 하는 누구라고 자신을 소개하면서 풀리지 않는 일이 너무 많아서 이런 저런 고민을 하던 차에 이야기를 들으니 반갑다고 했다. 그리고는 교회에 나가겠다, 약속했다. 이름은 문경원, 사업장은 거북시장 안 영성통닭이라고 했다. 나와 같은 50년생으로 또래였다. 퇴원 후 바로 주일에 교회에 나와 등록하고 지금까지 신앙생활 잘하고 아내와 자녀들도 전도해 새로운 구원받은 기독교 집안이 되었다.

대원 중 여러 권사님들은 환자가 먹고 싶은 것이 있다면 직접 만들어 대접하기도 하며 교회에서도 지원을 아끼지 않았다. 우리 대원들은 열심히 전도하기를 게을리 하지 않았다. 지금도 생각해 보면 그 때가 가장 보람 있는 신앙생활이었던 시절인 것 같다.

가끔씩 참석했던 새벽기도

3교대 근무로 일하다보니 새벽기도는 하기가 참 어려웠다. 그래도 밤 10시에 끝나는 날에는 새벽기도의 자리에 갈 수 있었다. 새벽 4시 넘어 교회에서 운행하는 스타렉스 승합차가 우리 집 앞까지 오면 그 교회 차를 타고 교회로 가서 새벽기도를 드렸다. 40대의 부목사님께서 차량 운행을 하시는데 힘들어 하시는 모습에 마음이 아팠다. 목회와 말씀에 전념하셔야 하는데 새벽부터 차량운전 하시느라 에너지를 낭비하시는구나하는 생각이 들었다. 내가 운전하면 좋을텐데.. 이를 기도의 제목으로 삼고 주께 간구했다. 그리고 하나님께서 그 기도를 들으시고 응답해 주셨다.

2009년 6월 30일, 회사 정년퇴직을 한 후 2017년까지 근 10년간 새벽기도 차량 운행으로 봉사했다. 내 소유의 차로 운행까지 하도록 주께서 큰 은혜를 주시며 더 큰 축복을 내리셨다. 회사 퇴직 후 무슨 일을 할까 하며 일자리를 찾는데 주일 성수를 할 수 있는 곳이 없었다. 그래서 다시 하나님께 기도했다. 하나님 주일을 온전히 구별할 수 있는 직장을 주십시오. 그리고 일 하면서 전도 할 수 있는 일자리를 주십시오. 하나님 꼭 주세요. 하나님 주세요.

새벽예배의 자리에서 때마다 기도했다. 그러던 어느 날, 지인으로부터 승합차를 구입해서 학원에서 일하면 주일을 지킬 수 있다는 이야기를 들었다. 특히 어린이들을 상대하니 어린이 전도를 할 수 있지 않겠나 하기에 큰 소리로 아멘 외쳤다. 감사하신 하나님께서 기도를 응답해 주셨다. 원당에 있는 차일드유 학원에서 2009년 12월부터 운행을 시작했다. 늘 안전운행에 최선을 다했다. 내가 어린이들을 사랑하는 것을 하나님이 아시고 이런 귀하고 아름다운 일터를 주신 것에 감사했다.

운행을 하며 어린이들에게 하나님의 귀한 복음을 많이 전했다. 불교 집안의 어린이들이 집에 가서 말 하는 바람에 원장으로부터 꾸중을 들을 때도 여러 번 있었지만 그래도 나는 굴하지 않고 하나님의 명령을 따랐다. 복음을 전하라고 하셨는데 왜 안하는가 하는 마음으로 더욱 열심을 냈다. 지혜와

꾀를 써서 내 차에 타는 어린이들에게 전도용품과 선물을 주면서 전도했다.

그런데 내가 섬기는 교회와 일터가 10km나 떨어진 먼 곳에 있기에 어린이들을 우리 교회로 부를 수가 없었다. 그것이 무척 아쉬웠다. 그런데 마침 7월이 되면서 학원 경영이 어렵다며 지입 차 2대중 1대를 줄여야겠다며 다른 자리를 알아보라는 하는 것이 아닌가! 잘 됐다 싶어 얼른 소개업소에 그 사실을 알리니 서구 신현동 피아노학원에 자리가 났으니 가보라 했다.

가 보니 50대 초반으로 보이는 여자 원장으로 성씨는 종씨였고, 신앙생활을 하는 집사님이었기에 면접에 합격했고 바로 일을 할 수 있게 되었다. 더욱 감사할 것은 학원 위치가 교회와 2~3km 가까운 곳에 있으므로 이제는 내가 출석하는 서인천중앙교회로 전도할 수 있었다. 하나님이 챙겨주신 귀한 사명의 자리인 만큼 안전사고에 늘 신경 쓰며 열심히 일했다

하나님, 감사합니다.

그러던 어느 날, 가정동 동우아파트에서 할머니 손을 잡고 어린 여자아이가 차에 올랐다. 우리 피아노 학원에 처음 등원하는 아이다. 학원에서는 처음 받는 유치원생으로 이름이 백민

진이라고 했다. 유치원생은 특별관리 대상이다. 차에 오르내리는 것이 쉽지 않아 사고의 위험이 있어 그렇다. 등원, 하원 몇 차례 하면서 민진이와 친해졌다. 어린 민진이에게 예수님 이야기를 해주니 선뜻 교회를 가겠다고 했다.

그래서 할머니께 상의해 보자고 한 후 민진이 할머니께 이야기를 하니 민진이를 교회로 보겠다고 하시는 것이 아닌가. 그 후 매 주일 민진이를 집 앞에서 태워 교회로 갔다. 더욱 감사한 것은 나중에 민진이를 따라 할머님도 교회를 나온 일이다. 어린 민진이가 할머니를 전도 한 것이다.

나중에 할머니께 들으니 민진이를 낳아주신 생모가 아이를 낳고 한 달도 안 돼 젖먹이를 버리고 도망갔다고 했다. 그 어린 민진이를 데리고 지금껏 할머니가 키우셨다고. 민진이와 할머니를 생각하면 마음이 아파 더욱 관심이 갔다. 지금도 그 가족을 위해 기도하고 있다.

그 어린 민진이가 자라 유치부, 초등부, 중등부를 다니며 교회에서 성장했다. 십여 년 동안 이 아이가 전도한 또래가 얼마나 많은지! 나의 반 목회 철학이 나름대로 자라 열매를 많이 수확한 셈이다.

이 책이 나올 때 쯤 민진이는 고등학교 3학년이 될 것이다. 지금도 연락을 주고 받으며 심방을 가기도 한다. 나는 지금도 학원 차량 운행을 하며 관계 전도에 힘쓰고 있다. 그 전도가 어린이를 시작으로 보무님과 온 가정이 복음을 받아들일 수 있도록 기도 할 때 마다 한 가지 기도를 덧붙인다.

"하나님, 이 어린 학생들에게 5분, 10분 짧은 시간에 하나님이란 존재를 쉽게 이해가 가도록 전할 수 있는 방법이 없을까요?"

응답하신 하나님

1987년, 상계동 집이 불탔을 때다. 모든 재산이 사라진 어려웠던 그 때 평소에 친분이 있었던 총무와 과장이 방화관리자 시험을 준비하는데 함께 해보자고 제안을 했다. 과연 할 수 있을까. 깊게 생각 한 후 도전해 보기로 결심하고 출장 강의에 참석했다. 그때 당시 노인복지회관(구, 고속버스터미널 옆)에서 과목 마다 강의를 듣고 복습과 예습을 열심히 공부했다. 소방관계법규, 소방시설, 소방실무등 여러 과목을 수강하며 공부했다.

1992년 6월 구월중학교에서 시험을 치뤘다. 합격자 명단은 다음 달 7월 인천시청 고시과 게시판에 부착 한다기에 가보았다. 갔더니 박용수, 정종근이란 이름이 떡 하니 붙어 있었다. 무척 기분이 좋았다. 그리고 쓸 곳이 없어 잊고 있었는데 2014년, 교회에 방화관리자로 선임되었던 분이 이사를 하게 방화 시설 관리자 자리가 공석이 됐다. 자격증이 있는 사람이 그 자리를 맡아야 하는데 잊고 있던 자격증이 생각났다. 기쁜 마음으로 자원해 봉사하기로 했다. 교회의 구석 구석을 청소하고 개, 보수할 때 얼마나 즐겁고 보람스러웠던지!

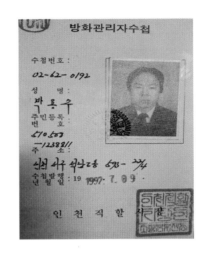

그런데 하나님은 기쁘게 순종하며 봉사하는 가운데 더 기쁜 전도 방법을 알려 주셨다.

소방안전 관리자는 2년에 한 번 법정 교육을 받아야 한다. 소방안전협회에서 교육을 받는데 한 전문 강사께서 교육생들의 분위기를 잡으려는 지능을 테스트 할 수 있는 넌센스 퀴즈를 냈다.

"산토끼의 반대말은?" 다양한 대답이 나왔다. 대답을 들은 강사는 웃으며 대답에 따라 머리의 좋고 나쁨을 점수로 나누었다.

첫 번째, 끼토산은 아이큐 80점, 두 번째 죽은 토끼는 100점! 세 번째 바다토끼는 150점. 마지막으로 가장 높은 점수를 받은 토끼는 알칼리 토끼는 200점!

재미있기도 하고 그 의미 깊다는 생각이 들었다. 나는 이 넌센스 퀴즈로 아이들에게 창조주 하나님을 전할 수 있겠다는 마음에 기뻤다. 어린 학생들에게 더 쉽게 전달 할 수 있도록 다시 새롭게 전달 할 내용을 만들었다.

지능지수가 80인 사람은 80가지 생각할 수 있고 80가지 일을 할 수 있다.

지능지수가 100인 사람은 100가지 생각할 수 있고 100가지 일을 할 수 있다. 지능지수가 150인 사람은 150가지 생각할 수 있고 150가지 일을 할 수 있다. 지능지수가 200인 사람은 200가지 생각할 수 있고 200가지 일을 할 수 있다.

그러면 우리 하나님은 지능지수가 1,000도 아니고 10,000도 아니고 백만, 천만도 아닌 영원하신 분이다. 그래서 기독교에서는 하나님을 전지전능 하시다고 부른다. 무엇이든 다 하실 수 있다는 뜻이다. 그러면 우리 인간들이 믿어서 손해볼 것이 없으니 하나님, 즉 예수님을 믿어보지 않을래?

중학생과 고등학생들에게 이 방법으로 전도 했더니 열 명 중 여덟, 아홉명은 "네, 믿어보겠습니다."라고 대답했다. 이렇게 기쁠수가. 하나님, 감사합니다. 이런 지혜를 주셔서 감사합니다. 지금도 이 방법으로 아이들과 청소년을 전도 한다. 이 책을 혹시 예수 믿지 않는 분이 읽고 계시다면 다시 한 번 더 읽어 보시기 바란다. 그리고 "예수 믿으세요!"라고 부탁하고 싶다.

30여 년 일 한 삼양사를 퇴직하며

1982년 2월에 입사하여 2009년 6월 30일까지 나의 삼양사 30여년의 세월은 파란만장했다. 어느덧 퇴직해야 할 나이에 이르니 정들었던 직장 상사, 동료들, 각종 기계설비 등이 아쉬운 마음이 들지 않는 것이 없었다. 그래도 특별히 감사한 것은 퇴직 1년 전에 오신 박소문 사장님이 목동에 있는 장로교회 장로님이시라는 것이었다. 굳은 믿음으로 그동안 예배가 없던 회사 신우회 예배를 부활시켜 현장직 사원들도 참석할 수 있게 배려해 주셨다. 얼마나 감사한 일인가. 그해 가을 추수감사절 절기에는 사장님 특별 배려로 식단에 푸짐한 과일이 나와 추수의 감사를 나누기도 했다.

신앙이 좋았던 총무과 김광채 과장님이 내가 다음 해 6월 정년퇴직을 하게 되면 퇴직 기념으로 감나무 한 그루를 회사에 심어주겠다 하셨다. 내가 직접 감나무 한 그루를 가져오면

사내 정원 적당한 곳에 심어 주겠다고 했다. 특별히 관리하는
정원사에게 말씀드리고 허락을 받겠다며 잊지 않고 가져오라
고 당부 하셨다. 그리고 며칠 후 연락이 왔는데 나무를 가지
고 와 심으란다.

　그길로 바로 우리 동네 공촌동 나무시장에 가서 5년이 지나
면 수확이 가능한 묘목 한 그루를 4만5,000원에　샀다. 회사
에 가져가 심을 때 과장님께서 말씀하셨다.

　"이 나무가 잘 자라면 10년 후에는 인천공장 삼양사 전 직
원이 추수감사절에 몇 개씩 나눌 수 있을 걸세. 얼마나 기쁘
고 보람된 일인가. 내 뜻을 잘 이해하고 잘 가꾸기 바라네."

　나는 이 말에 큰 감동을 받았다. 30여 년의 세월이 스쳐가
며 마음이 뿌듯했다. 지금도 잊지 않고 2, 3년에 한 번씩 회사

에 들러 나의 감나무를 돌본다. 내 사랑하는 회사 삼양사에서 30여 년 세월, 우여곡절도 많았고 파란만장했다. 그 긴 세월의 말년에 좋은 사장님 장로님을 만나 함께 예배할 수 있었던 것이 잊혀지지 않는다.

소중한 나의 금딱지

　서울 하인즈부터 한국하인즈, 삼양웰푸드를 거치며 삼양사가 되기까지 함께 근무한 150여 명의 임직원 누구 하나 낯선 사람이 없던 친숙했던 직장.

　정년 58세에 회사의 배려로 1년간 추가 근무를 더 해 59세로 명예로운 정년 퇴직을 했다. 퇴직 무렵 직장에서 부부 동반 해외여행을 보내주기도 했고, 재직 기념패, 상패, 한 냥의 금딱지를 받고 직장을 떠나는 날 근사한 송도 갈비집에서 사장님, 노조위원장 등과 함께 마지막 만찬을 했다. 그리고 정년 퇴직 기념 선물로 받은 금딱지를 아내에게 건넸다.

　없는 집에 시집와 결혼식 때 주었던 패물도 친구에게 결혼 비용으로 빌린 돈을 갚기 위해 다 팔았으니 그 시절을 서운했던 마음을 풀라고 했다. 그러나 아내는 감사하다면서도 시큰둥한 표정이었다. 그간 함께 해 온 고생스러웠던 인생살이를 원망이라도 하는 듯 보였다.

천국으로 이사할 준비를 하는 나는 아내 이야기를 조금 나누려고 한다. 경기도 남양주군 수동면 송천리. 정씨 가문의 8남매 중 셋째인 (딸로는 둘째) 정진순과 결혼했다. 목사님의 소개로 만나 맞선을 보고 6개월 만의 일이다. 총명했고 발랄했으며 믿음이 좋은 아가씨였다. 홀어머니와 외아들만 있는 경제적으로 열악한 우리 가정에 하나님께서 보내주신 특별한 선물이자 복덩이였다.

　찬양 잘하고, 운동 잘하고 판단력이 정확했다. 아주 검소하며 절약 정신이 매우 뛰어났다. 학창 시절에 차돌이라 불릴 만큼 단단했으며 야무졌다. 집안 일가친척 모두 좋은 사람이 들어왔다고 장가 잘 갔다는 칭찬을 많이 들었다.

　장인 어르신의 함자는 정흥모로 선비에 가까울 정도로 심지가 곧고 남에게 베풀기를 좋아하셨다고 한다. 아내는 수동중학교 시절 학교를 대표하는 육상 선수이기도 했고 학교 성적은 1, 2등이 고정이었으며 품행이 단정했다. 동네 사람에게 쟤가 흥모 딸이냐며 칭찬을 많이 들었다고 한다. 한세실업에서 수년간 라인 반장으로 인정을 받으며 직장생활을 했다.

　내가 하나님의 말씀에 순종하며 살기를 원했지 야망이나 목표를 정하거나 목적의식이 뚜렷하지 못했던 것에 반해 아내는 정반대로 명확한 목표와 승부 근성을 가진 멋진 사람이었다. 아들 형주, 딸 은주 두 남매를 낳고 믿음으로 아이들을 기르는데 최선을 다했다.

아들과 딸이 초등학교 다닐 무렵부터 아내가 직장생활을 하면서부터 가정 형편이 조금씩 좋아지는 것을 실감할 수 있었다. 하나님만 바라보며 오직 말씀대로 최선을 다해 교회도 잘 섬겼다. 2007년 나는 장로로 아내는 권사로 같은 날 임직을 받았고 많은 지인과 교우들로부터 축복과 축하를 받았다.

아들과 딸은 아주 반듯하게 잘 자랐다. 아들은 경희대학교 대학원 석사과정을 마쳐 증권회사에 취업했고, 딸은 심장병을 고침 받고 성신여자대학교에서 체육학을 전공해 체육 교사로 취업을 했으니 하나님의 놀라운 축복이었다. 아들과 딸을 모두 결혼시킨 후 가정 형편은 많이 좋아졌고 평안한 상태로 지금까지 지속되고 있는 것 모두 하나님의 은혜요 축복이다.

어느 날 우연히 금에 대한 이야기를 하던 중 아내에게 내가 퇴직할 때 준 금딱지 잘 가지고 있냐고 물었는데 이미 팔았다고 야단치듯 말했기에 우리 형편이 어려워 그랬구나 생각했다. 그리고 잊었다.

세월이 흐르고 난 뒤 알게 되었지만 아내는 그 금딱지를 팔지 않았고, 소중한 금딱지로 여기며 잘 보관하고 있었다. 아내의 마음이 너무 고마웠다. 아내는 그 금딱지가 소중했겠지만 나는 내 아내가 그 어떤 금딱지, 보물 상자 보다 귀하고 아름답다. 홀어머니에 외아들, 총재산 30만원 밖에 없었던 나에게 아내는 하나님께서 보내주신 축복이자 최상의 선물이다.

내 마음에 가장 귀한 금딱지 정진순 권사 사랑합니다.

작정 건축헌금과 상계제일교회

퇴직 후 집에서 소일을 하며 지낼 때 자꾸 마음에 걸리는 것이 있었다. 그것은 하나님과의 약속을 지키지 못한 것이다. 총각 시절 상계제일교회를 섬길 때 교회 신축 토목공사를 시작하면서 한 약속이다. 그때 내 이름으로 건축헌금 150만원을 작정했는데 약속만 하고 너무 어려워 지키지 못했던 일이다. 30여 년이 지났다. 그래도 약속을 했으니 하나님께 드려야 한다. 그러면 얼마를 드려야 하나?

지금도 형편이 넉넉하지 못하니 원금 150만원 플러스 이자 50만원. 합계 2백만원을 드리자 하고 마음을 굳혔다. 200만원 현금을 준비하고 청년회 시절 가까이했던 벗들을 수배했다. 모두 연락이 가능했다. 목사님도 바뀌었고 교회도 신축하고 그 동네가 많이 변해서 찾기가 어려울 정도라며 옛 벗들이 알려주기에 며칠 후에 담임 목사님께 미리 전화해서 방문하겠다 말씀을 드렸다.

1980년, 결혼하기 전의 일이니 지금이 2011년, 무려 31년이 지났다. 노원역 부근의 상계동은 너무 많이 변해 있었다. 교회를 찾아가 담임목사 이장연 목사님을 뵙고 자초지종을 설명했다. 그리고 소중히 가져간 현금 2백만원을 전했다.

목사님은 처음 보는 사람이 이렇게 귀한 예물을 드리려고 직접 방문한 것을 너무 귀히 보시고 기도해 주셨다. 1980년

당시 함께 신앙생활 했던 친구 중 네, 다섯이 교회에 남아 있었다. 모두 장로가 되고 권사가 되어서 교회를 충성으로 섬기고 있었다. 성령님이 인도하시고 도우셔서 하나님과의 약속을 지킬 수 있게 돼 너무 기쁘고 감사했다. 나의 마음은 날아갈 것같이 가벼워졌다.

알고 보니, 이장연 목사님은 기독교방송과 극동방송에 출연해 강의도 하시고 모 신학교에서 강의도 하시고 책도 여러 권 쓰신 훌륭한 목회자였다. 내가 방문했을 그 당시 성도 800명 모이고 연 예산 15억 정도라시며 은행대출금이 있어 약간은 부담이 된다고 하셨다. 이 후 2017년쯤 친구 구권사가 헌당 예배를 드리게 됐다고 연락이 와 찾아가 예배를 드렸다. 감격스럽고 감사했다. 이장연 목사님과 지금도 가끔씩 안부 전화를 나누곤 한다.

6부

마지막 이사 갈 준비

존경했던 목사님 은퇴

2015년 내가 다니던 서인천중앙교회는 담임목사님의 은퇴를 앞두고 이런저런 일들이 많았다. 한 평생을 오직 교회만을 섬기며 해외여행 한 번 다녀오신 적이 없고 강단 한 번 비운 적이 없으셨던 목사님. 후임 목사로 신학 박사 학위를 받고 온 둘째 아들이 내정 돼 있었다. 교회에서도 십여 년 동안 학비를 지원하면서 훈련 시켜 온 목회자라 행정적으로 교회의 성도들에게 동의를 받은 상태였다. 당회장 목사님 역시 본인이 은퇴하면 후임 목사로 둘째 아들을 점찍어 놓으셨다.

목사님 노후는 강화도 외포리 수양관에 건축 당시 계실만한 공간을 확보해 놓았기에 염려할 일이 없었다. 그런데 뜻밖에 일이 생겼다. 지병으로 투병하시던 사모님께서 소천하신 것이다. 은퇴 2년여 남겨두고 황망하게 천국으로 가셨다. 그 이후 목사님의 일상이 무척 불편하셨다. 홀로 남으신 목사님을 지켜보는 당회원, 교인들도 마음이 아팠다.

그 무렵 기독교계의 각 교단에서 교회 세습의 문제가 심각하게 두각 되었다. 우리 교회에서 후임자로 결정한 성신형 목사님도 이를 부담스럽게 생각하고 있었다. 은퇴하시는 아버지 목사님의 목회 간섭이 이것저것 많으시니 아들로서 거절하기도 어려워 새 목회자의 자리에 대한 의욕이 식어가는 듯 보였다. 그 어느 장로보다 목사님께 사랑을 받았기에 내가 용기를 내어 목사님을 뵙고 말씀을 드렸다.

"목사님 제 이야기는 개인 박용수 장로의 말이지만 교회 전체의 소리라고 들으셨으면 합니다. 부자간의 의견과 생각의 차이를 좁히지 못하는 것이 지금의 현실인데 제 생각은 이렇습니다. 후임 목사님에게 전임 목사님이 줄 수 있는 최고의 선물은 그가 날개를 마음껏 펴고 날수 있게 해 주는 것입니다."

몇 번이고 만나 간청 했지만 목사님은 이를 거절하시고 교회를 떠나지 않으셨다. 결국 후임으로 세웠던 둘째 아들 성신형 목사님이 사직을 하고 떠났다. 교회 중직자들이 찾아가 떠난 목사님을 붙잡고 다시 오실 것을 여러 차례 권면했으나 오지 않았다. 교회는 목사님 은퇴를 1년 정도 남기고 더욱 어려워졌다. 노회에 부탁해 새 부목사님을 청빙하려 해도 이런 저런 이유로 거절당했다.

담임 목사님은 고민 끝에 2년 전 우리 교회에서 부목사로 있다가 창원으로 개척해서 떠난 친구 아들인 조화일 목사를 후임으로 청빙하는 것이 어떤지 물으셨다. 일부 당회원의 기독신문에 청빙 광고를 내서 뽑아 세우자는 의견도 있었으나 모두 목사님 뜻에 따르겠다고 의견의 일치를 보았다. 그러나 목사님의 둘째 아들 문제나 사모님이 먼저 소천 하셨기에 목사님의 이 후 생활이 어려울 것 같아 교회의 걱정이 많았다.

목사님은 강화도 수양관에 계시려고 했던 계획을 접으시고 강원도 서석 지방으로 은퇴 후 가시겠다고 말씀하셨다. 서석에 가서 살 수 있는 주택 구입비 및 퇴직금이 필요하다고 하셨다. 평생을 오직 교회만을 위하여 모든 것을 다 바쳐 목회하셨던 목사님이지만 그 액수가 너무 커 당회원들은 결국 강화 수양관을 매각하기로 했다.

강화 수양관을 팔아 목사님 은퇴금으로 드린다니 교회는 술렁이며 분위기가 나빠졌다. 당회에서 내린 결론은 강화 수양관을 속히 팔아 목사님이 요구하시는 액수를 드리고 은퇴를 돕는 것이었다. 결국 급하게 은퇴금을 마련하느라 제값도 못받고 매각하니 교회 빚이 줄기는 했지만 처분 한 금액이 기대에 미치지 못 해 실망이 컸다.

그렇게 목사님은 목회 마지막 부분을 영광스럽지 못하게 마무리 하시고 멀리 강원도 서석으로 가셨다. 목사님을 사랑하는 나는 무척 마음이 아프고 슬펐다.

후임으로 오신 목사님은 10년 정도 우리 교회에서 부목사님으로 시무하셨기에 쉽게 적응하셨고 교인들과 관계도 좋았으나 서인천중앙교회를 떠나가는 성도들이 눈에 띄게 늘어났다. 참으로 마음 아픈 현실 앞에서 하나님께 기도했다. 그러나 은퇴하신 원로 목사님의 영력 충만한 말씀의 꼴이 자꾸 떠올라 마음의 갈등이 생기기 시작했다.

그런 가운데 원로 목사님께서 폐에 병이 생겨 갑자기 돌연 하늘의 부르심을 받고 소천하셨다. 은퇴 하시고 2년 만이다. 하나님의 부르심을 받기 직전 교회에 다음 세대를 위해 쓰라고 장학금 명분으로 5억을 헌금하셨다.

이십 여 년이라는 긴 세월 나를 특별히 사랑 해주셨던 존경하는 목사님 영정 앞에서 많은 눈물을 흘렸다. 2년여 세월이 흘렀으나 후임으로 오신 목사님의 목회는 탄력을 받지 못하고 교인 수는 줄어만 갔다. 부흥은 성도의 수에 있는 것이 아니기에 다시 마음을 다잡고 권사님, 집사님들과 길거리 전도, 병원 전도를 쉬지 않았다.

오랫동안 기도끝에 주안중앙교회로

2016년 10월, 청라 5단지로 이사했다. 청라 4단지에 살고 있는 아들 가정과 합가하기로 했기 때문이다. 며느리가 둘째 아이를 12월 출산하기에 손자 둘을 양육하기 위해서다. 첫째 손자 희성이도 잘 자라고 어린이집에도 잘 다니고 우리 가정은 하나님의 은혜로 평안한 나날을 보냈다. 심곡동 한국아파트에서 교회를 다닐 때 보다 약간 멀어졌지만 새벽기도는 빠지지 않았다. 청라3단지 한라비발디 시티에 사시는 권사님과 청라1단지 힐데스하임에 사시는 권사님들을 모시고 새벽마다 교회로 향했다. 온 가족 모두 새벽기도에 빠지지 않았다.

그러나 교회의 성도는 점점 줄고 부흥과 멀어졌다. 목사님은 물론, 교회의 절반이 넘는 성도들과 의논했지만 교인 수가 줄어드는 것을 해결할 방법을 찾지 못했다. 이를 위한 뚜렷한 비전 제시를 못하시는 목사님께 몇 차례 방향 제시를 했으나 달라지는 것이 없었다. 나는 모든 것을 하나님께 맡기고 이사한 곳 가까이 있는 주안중앙교회에 출석하기로 했다.

2017년 12월 둘째 주에 주안중앙교회로 출석하겠다고 목사님께 말씀드렸다. 2018년에는 교회의 모든 조직에서 박용수 이름을 빼달라 부탁드리고 전도 위원회 위원장으로 관리하던 모든 서류 등을 부위원장에게 인수했다. 소방안전관리자도 새로 선임했다. 인계 후 2017년 12월 마지막 주일 낮 예배까지 예배에 참석하고 서인천 중앙교회 26년 세월을 끝냈다.

함께 봉사한 좋은 일꾼들과 깊게 정든 성도들 모두 말리셨다. 가지 말라고 애원하는 분들도 있었고 내가 전도해서 이제 신앙이 조금씩 자라고 있는 믿음이 약한 성도들도 있었으나 우물 안 개구리처럼 더 크고 넓은 세상을 못 보고 아등바등하는 일은 옳지 못하다는 생각이 들었다.

부흥이 잘 되는 교회에 가서 힘을 보탠다면 하나님은 더 좋아하실 거야. 이런 심정으로 집에서 가까운 주안중앙교회 청라성전으로 향했다. 2018년 1월 첫 주부터 출석하기로 했다.

사전에 목사님과 면담한 적도 없지만 주안중앙교회 박응순 목사님의 명성을 알았기에 나의 결정을 의심하지 않았다. 예배 시작 전 함께 부르는 찬송 분위기부터 이 전 교회와는 많이 달랐다. 성령님의 임재가 역사하시고 다 함께 두 손을 들

고 찬양하는 모습에 감동했다.

예배 첫 송의 합창은 내 자신을 산 제물로 드리는 듯 거룩함이 가득했다. 예배 후 새신자실에서 목사님을 뵙고 함께 자리한 새 성도들과 새신자부에서 봉사하시는 권사, 집사님들과 더불어 사랑의 교제를 나누며 특별 메뉴로 차려 준 식사를 하니 좋았다.

다음주 부터는 11시까지 교회에 와서 정착학교 교육을 받고 12시 예배에 참석하라고 했다. 교회 등록하기 전 교회의 홍보물을 통해 주안 중앙교회의 양육시스템을 보았다. 깊이와 정도가 몹시 궁금했었는데 그 첫 단계 정착하고 5주 교육과정을 수료해야 했다.

담당 교육 강사는 당회장 목사님 부인이신 최정애 사모님으로 첫 시간부터 열강을 하시는데 그 열정과 말씀이 신학교 교수와 같았다.

"우리는 종교인이 되어서는 안됩니다. 신앙인이 반드시 되어야 합니다."

수준 높은 교수법으로 사모님은 10여 명의 새 등록 성도들에게 큰 감동을 주셨다. 양육학교, 성장학교, 훈련학교를 거쳐 청지기학교 과정을 수료하며 훈련이 잘된 양육부 모든 교수님들께 감사한 마음이 생겼다.

특히 훈련학교 과정에서 예수님의 3대 사역인 "가르치고, 전파하고, 치유하라"를 알려주신 주신 ○전도사님께는 특히 더 고마운 마음이있다.

열두 글자로 예수님의 공생애를 표현할 수 있다는 것, 그것도 마음에 쉽게 와 닿도록 가르칠 수 있다는 것에 큰 은혜를 받았고 하나님이 부르시는 그날까지 기억 하리라 결심했다. 교회는 우리 가정이 등록한 2018년 이전부터 기초 토목 공사를 진행하고 있었고 규모는 1,250평 대지에 3천 500석의 성도 수를 보유하는 서구에서는 가장 큰 규모의 교회를 신축중에 있었다.

이곳에 기초를 놓은 지 불과 4년여 사이에 성도 수는 1천여 명, 큰 부흥의 불길이 타오르는 교회가 분명했다. 당회장 박응순 목사님이 강단에서 말씀을 선포하실 때마다 그 말씀의 역사하심이 성도들 개인과 가정에 그대로 전해져 이적과 기적이 끊이지 않는 교회였다.

그리고 내가 지금까지 40여 년 신앙생활 중 성도의 열심과 헌신이 마치 미치광이처럼 보일 정도로 대단했다. 이러니 교회가 부흥이 될 수 밖에 없었다. 나도 그 속에서 누가 뭐래도 신앙인의 바른길을 걸으며 호수공원 전도, 학교 전도 등을 게을리 하지 않았다. 살고 있는 아파트 노인정 등을 돌보며 전도를 열심히 해 해피데이 전도 주일에는 몇 명씩 교회로 전도했다.

2017년부터 진행 중인 새 성전 건축은 10년 전에 매입 한 종교 부지 1,250평에 새 성전을 세우는 것으로 "1151(십만성도, 일만 나눔방, 오천 지역장, 일천 선교)"이라는 큰 비전을 가지고 좌석수 3천500석의 큰 교회를 목표로 하고 있었다.

성도들이 감당하기 어려운 수백억의 공사가 건축헌금으로 채워지는 하나님의 은혜가 이어졌다. 이 큰 공사가 순조롭게 진행되어 2019년이면 입당예배가 가능하다는 건축위원장의 말에 너무도 감격스러워 감사, 영광을 연발했다.교회는 한 달에 한 번 건축 중인 공사 현장에 가서 당회장 목사님 인도하에 많은 성도들이 모여 기도회를 가졌다.

1. 안전 사고 발생하지 않도록 하나님 지키시옵소서.

2. 건축비가 부족하여 공사가 중단되는 경우가 생기지 않도록 하나님 도와주시옵소서.

3. 이 교회를 통하여 1151의 비전(십만성도, 일만 나눔방, 오천지역장, 일천 선교)가 속히 성취되게 하옵소서.

모인 성도들이 통성으로 기도할 때는 동네가 떠나가는 듯했다. 나는 지금까지의 삶을 뒤돌아 보았다. 많은 교회를 거쳐 이 곳 주안중앙교회로 인도하신 하나님의 뜻이 무엇일까? 경제력도 왕성하지 못하고 나이는 어느덧 일흔 언저리까지 왔는데 그래도 목사님의 목회 사역을 돕는 장로의 직분을 수행하라는 하나님의 뜻일까. 이 땅에서 생명을 다하는 그날까지 교회에서 일을 찾아 열심히 할 것을 다짐했다. 정착학교를 졸업하고 양육학교에서 노영희 권사라는 리더(교수)를 만났다. 참으로 모든 것을 두루 갖춘 미모의 권사님으로 가르치는 교수법이 그 어디에다 내놓아도 손색이 없을 수준이었다.

"교회 생활은 손님 교인이 되어서는 안된다. 본인의 은사대로 헌신하고 봉사해야 한다."

8주 차 종강 무렵에는 여러분들이 봉사하고 섬길 부서를 적으라고 해 1지망으로 교육 부서 중고등부 교사, 2지망으로는 교회 시설 관리를 써냈다. 그해 10월경 중고등부 교사와 교회 시설 관리국장으로 섬기라는 당회장 목사님의 명을 받았다.

그리고 중등부 교사는 잠시 보류하고 외무 안내부에 힘쓰라시며 외부 안내부 위원장으로 임명을 하시면서 교사직도 중요하지만 현재 교회의 전체적인 균형을 볼 때 외부 안내부가 약하니 그곳에 가서 큰 힘이 되라고 당부하셨다. 특별히 말씀하시기에 아멘으로 순종하며 교사 4개월여 만에 반 학생들과 교사들, 그리고 부장님, 담임 교육자 목사님께 작별 인사를 드려야만 했다.

2019년 신년 예배에 하나님이 나에게 주신 학개 2장 7절 말씀

"또한 모든 나라를 진동시킬 것이며 모든 나라의 보배가 이르리니 내가 이 성전에 영광이 충만하게 하리라 만군의 여호와의 말이니라"

을 통해 그 해 9월 준공을 목표로 건축 중인 새 성전에서 하나님께서 하실 일을 보이셨다. 교회 건축은 하나님의 은혜로 순조롭게 진행되었다. 외부 안내부로 가서 섬기라는 목사님의 명을 받아 부서 사무실에 가서 부원들과 인사를 나누고 적응하면서 총무 간종남집사, 정회남, 이선배, 이동수, 임진혁, 이상균 집사 등과 더불어 예배하며 기도로 일꾼을 간구했다. 그리고 기도하면 필요한 수의 일꾼들을 보내주실 것을 확신했다. 팀원들과 여러 취미 활동을 같이하면서 부서의 분위기 좋아지는 등 더욱 은혜 충만한 외부 안내부로 변화되어 가는 것을 느낄 수 있었다.

양육과정 :　　성장학교 8주 과정(담임교수 최현자 권사)

교육생 :　　　1. 박용수 장로, 정진순 권사

　　　　　　　2. 박경태 안수집사, 기왕은 권사,

　　　　　　　3. 신운일 집사, 박말순 집사

　　　　　　　4. 조승범 집사, 박상옥 집사

8명이 함께 공부해 나아가며 서로를 알게 되었고 믿음의 동역자로서 좋은 성도들을 만나게 하심을 때마다 감사했다. 특히 잘못된 것은 바르게 지적해 주는 교수님의 지도력이 마음에 와 닿을 때가 많았다.

성장학교 교재 첫 페이지에 생활 신조

주안중앙교회 성도는 불평, 불만, 불순종은 어떠한 경우에도 있을 수 없다.

1. 나는 일생동안 주님의 뜻이라면 무조건 순종하며 살겠다.
2. 나는 일생동안 축복받는 일이라면 남에게 양보하지 않고 앞장서서 살겠습니다.
3. 나는 일생동안 다른 사람과 원수 맺지 아니하고 화목하게 살겠습니다.
4. 나는 일생동안 교육자에게 상처주지 않고 싸매어 주며 살겠습니다.
5. 나는 일생동안 생명구원 운동에 앞장서서 나가겠습니다.

세상을 따라가는 가치에서 하나님 나라의 가치에 눈을 뜨면 사람은 반드시 변한다. 성장학교를 통하여 제자로의 부르심과 하늘의 가치에 눈뜨고 사람 낚는 어부의 사명을 잘 감당하는 제자로 세워지기를 바란다. 함축할 수 있는 성장학교의 교육이 내게 오랫동안 기억되고 간직할 수 있기를 기도한다.

1,200시간의 도전

이쯤에서 하나님의 은혜가 충만하고 성령님이 함께 하시는 축복의 통로를 알려드리고자 한다. 신현동의 피아노학원에서 일할 때다. 학원 원생 중 가현초등학교 병설 유치원에서 오는 어린이가 있었다. 아이가 끝나는 시간에 맞춰 병설 유치원 교실로 들어가 아이와 함께 나오는데 같은 시간에 손자를 데리러 오시는 중년 신사분이 있어 인사를 나누는 사이가 됐다. 이편한세상 아파트에 사시는 분으로 나보다 두, 세 살 정도 연배로 보이는 점잖은 분이셨다.

하루는 전도할 마음을 먹고 이야기를 나누다가 슬그머니 성경 이야기를 하니 성경 말씀에 대해 너무 잘 알고 계신 것이 아닌가. 그러면서 하시는 말씀이 자신은 카톨릭 신자이며 거북시장에서 약국을 경영하다가 지금은 아들에게 물려주고 손주들을 유치원, 학원 등 하원 도우미를 낙으로 삼으며 살고 있다고. 지금 성경을 영문으로 쓰고 있는데 세 번째 쓰고 있다는 놀라운 말을 들었다.

그때 나는 10년 전 성경전서 필사를 다짐하고 쓰다 말다 쓰다 말다를 반복하다 구약 소선지서쯤 쓰고 있을 무렵이었으니 그저 감탄 할 수 밖에 없었다. 필사의 의욕은 있었으나 열심이 없었다. 그 중년신사에게 무엇 하려고 많은 시간을 투자하면서 쓰냐 묻자 자기 손주가 넷이 있는데 손주들에게 한 권씩 선물하려고 쓰신다는 것이다.

참 존경할 만한 분이구나! 그 후로도 자주 학교 앞에서 뵐 때 마다 성경 말씀 중 은혜 받은 구절을 나누며 가까운 사이가 됐다. 그분으로부터 몰랐던 것을 알게 되었는데 카톨릭에서 쓰는 성경은 구약성경이 39권이 아닌 46권이라는 사실이다. 특히 더 놀라운 것은 카톨릭 신자 중에도 이렇게 말씀에 열심이신 분이 있구나 하는 것이었다. 지금도 가끔 만난다. 거북시장 금호어울림 아파트쪽 사거리에 있는 자생약국이 그분 아드님이 경영하는 약국이다.

나는 그분을 통해서 새로운 도전을 받았다. 성경 필사에 좀 더 속도를 내서 아들, 딸에게 한 권씩 가보로 물려주어야겠다고 굳게 다짐했다. 처음 시작했던 성경 필사를 십여 년에 걸쳐 쓰다 보니 필사 노트도 중구난방, 필기도구도 각양각색으로 보기에 좋지 않았다. 보존하기에 가치가 떨어지는 것이 많았다.

두 번째 필사를 위해 기독서점에서 시장조사를 했다. 오병이어 필사노트를 사용하기로 하고 펜은 비싸지만 파카펜으로 결정했다. 첫 번째 필사 때는 그렇게나 지루했던 역사서가 두 번째에는 큰 은혜가 되기도 했다. 필사를 끝내고 창세기 1장 1절부터 요한계시록 22장 21절까지의 페이지를 세어 보니 오병이어 노트로 2,115페이지에 달했다. 2년여 만에 마친 성경전서 필사본이다. 표지 가죽 제본을 위해 필사 완성본을 오병이어 출판사로 보냈다. 제본 비용 25만원과 동봉하니 한 달 후 제본 된 가보성경이 집으로 왔다. 받고 보니 하나님께 영광이요 나에게는 기쁨과 은혜였다.

세 번째 필사노트는 처음과 나중 출판사에서 만든 보배성 경으로 했다. 보배성경은 바인더형 필사공책으로 이번에 필 사 펜은 중, 고급형으로 결정했다. 세 번째 필사를 시작하면서 이번에 쓴 것은 딸 은주에게 가보로 선물하기로 마음먹었다.

하나님의 말씀을 한 자 한 자 써가며 은혜를 받고 눈물을 흘 린 적이 많았다. 마음에 굳은 믿음과 힘이 생기는 부분도 많 았다. 힘을 주시는 말씀은 가능한 암송하며 썼다. 필사하는 시 간은 새벽기도 가기 전 1시간, 새벽기도 마치고 와서 1시간, 하루 2시간 정도였다. 이 두 시간을 매일 구별 해 작정하고 썼 더니 2년 정도면 창세기에서 계시록까지를 쓸 수 있었다(페 이지로 1,800 페이지).

네 번째 필사노트도 보배성경으로 정했다. 바인더 형으로 쓰기 편하고 7만원으로 하드 케이스와 속지까지 살 수 있어 좋았다. 보기에도 무척 고급스럽다. 네 번째 필사본은 큰 손 주 희성이에게 가보로 남겨줄 선물이다.

2019년 1월 1일부터 시작해 2020년 12월 10일경에 창세 기부터 요한계시록까지 필사를 끝냈다. 네 번째 필사 시간을 많이 앞당길 수 있었던 것은 그동안 소일 삼아 경작하던 농장 을 2020년부터 못 하게 되었기 때문이다.

　그동안 오전에는 농장에 가서 일하고 오후에는 학원에 가서 일했기 때문에 필사할 시간이 없었지만 2020년부터 경작했던 그 땅을 환경공단에서 막아 그동안 개간하고 일구어온 옥토를 모두 황무지로 만들고 끝내 버렸기 때문에 시간이 넉넉했다. 한 푼의 보상도 받지 못했지만 그동안 무상으로 농사한

것으로 감사하며 원상복구 해 주고 물러났다.

한편으로는 서운했으나 또한 감사하기도 했다. 옥수수를 수확해서 나누며 이렇게 맛있는 옥수수는 처음이라는 말에 땀 흘려 거둔 고된 시간은 사라지고 보람만 남는다는 귀한 경험을 했다. 이십여 년 가까이 즐거운 마음으로 자리를 옮겨가며 했던 그 농사를 못하게 되었기에 성경 필사에 많은 시간을 투자 할 수 있었다. 네 번째는 23개월 만에 필사 완료하니 감사했다.

이 책을 읽으시는 분들도 도전해 보길 바란다. 필사노트 보배성경 속지 낱장 양면으로 썼을 때 1시간 20분, 900장 정도 써야 신, 구약을 다 쓸 수 있으니 900장×80분=72,000분, 7200분÷60분=1,200시간. 하루에 2시간을 투자한다면 600일, 2년이 채 걸리지 않는다. 2년이면 여러분도 자필 성경전서로 가보성경을 만들 수 있다.

하나님의 말씀 속에서 믿음도 크게 성장하며 사단과 대적할 성령의 능력과 이 세상을 이길 영력도 주시니 이 얼마나 큰 축복의 통로인가!

기적으로 이룬 새 성전 준공검사

열정적으로 기도하고 사모했던 새 성전이 제 모습을 갖추며 완성되어갔다. 주변 조경공사, 옥상, 하늘 공원의 조경공사가 마무리되면서 그 웅장하고 거대한 모습이 드러났다. 건축된 새 성전 주안중앙교회 청라 성전. 참으로 가슴 뿌듯하고 이 일을 함께 한 성도들의 용기와 열심을 생각 할 때 마다 큰 감동이 됐다.

하나님께서 "내가 이 성전에 영광이 충만하게 하리라"는 말씀으로 우리의 기도에 응답하셨다.

2019년 9월 29일 주일, 입당과 함께 임직식을 선포하고 9월 20일 동인천노회 연합 금요기도회를 새 성전에서 드리기로 대외적으로 공포했다. 교회는 온 성도가 힘을 합하여 시마다 때마다 기도에 기도를 이어갔다.

이제 마지막으로 준공검사가 떨어져야 모든 순서가 은혜롭게 진행될 텐데 9월 10일이 되어도 준공검사 서류가 여전히 답보상태다. 준공검사 서류도 관계 관청에 제출하지 못했다는 이야기에 모두 걱정이 이만저만이 아니었다. 건축 현장에서 공사 전반을 지휘하고 감독하는 시공사 야긴건영 대표이신 박장로님의 말로는 소방 설비 검사는 필했다고 하나 준공검사가 통상 한 달쯤 걸리는데 통과 할 수 있을까 하는 마음에 모두 안절부절했다.

우리가 이러니 당회장 목사님은 얼마나 걱정스러우셨을까. 그러나 내게 응답하신

"내가 이 성전에 영광이 충만하게 하리라"

　는 말씀을 의지해 기도했다. 선포한 계획대로 모든 순서가 진행되게 해달라고 말이다.

　9월 16일, 관할 구청에 장로님이 두께 10cm가 넘는 서류를 제출하셨다. 그런데 뜻밖에 하나님의 일하심이 여기서부터 시작됐다. 관계부서에 직원 중 한 분이 우리 교회에 출석하는 집사님으로 서류를 가져오신 박장로님을 알아보고 자기 손으로 직접 각각의 부서에 가지고 다니며 준공검사 필을 도왔다고 한다. 시설 관리를 담당하는 나로서는 그 부분에 누구보다도 민감할 수밖에 없었다. 모든 과정이 촌각을 다투는 일이라 초긴장 상태에서 연락을 기다렸다. 9월 20일 오후 17시 50분, 박장로님으로부터 전화가 왔는데,

　"장로님, 준공검사 났어요."

이 말 한 마디. 야호, 세상에 이런 일이. 5일 만에 준공검사 필증을 받다니!

"하나님, 감사합니다! 하나님, 정말 감사합니다!"

그날 동인천노회 연합 금요 특별기도회를 3천 500석의 넓은 공간, 새 예배당에서 치를 수 있었다. 노회의 여러 목사님들과 원로들, 그리고 많은 성도들이 모인 가운데 큰 은혜로 하나님께 영광을 돌렸다. 그다음 주일인 9월 29일, 입당 예배와 임직식을 하나님의 은혜로, 감동 가운데 무사히 마쳤다.

그 후 매 주일마다 새 성도들이 교회를 찾아 몰려왔고 교회 분위기는 뜨거운 성령의 임재로 기쁨이 최고조에 달했다. 성도들 한 사람 한 사람 모두 신이 났다. 당회장 목사님은 늘 강단에서 이 큰 교회를 건축할 수 있었던 것은 몽땅 다 하나님의 은혜입니다. 하나님의 은혜입니다, 를 거듭 강조하셨다.

200억이 넘는 건축비를 부담해야 하는데 교회에 큰 부자도 없어 어찌해야 하나는 염려가 있었던 것도 사실이다. 그러나 모든 성도가 자원하는 드리는 헌금으로 이 큰 역사가 가능했다.

감히 목사님에 대해서 써 본다면 영력이 왕성함이 있으셨는지 당회에서나 교인들 앞에서 크게 힘들어 하시는 것을 볼 수 없었다. 오직 기도, 말씀 순종을 강조하면서 맡겨준 양떼를 끌고 몰고 인도 하셨다. 마지막 가는 인생길에 좋은 목자를 만나게 하신 하나님께 오늘도 감사하며 기도하고 어떻게 하면 목사님, 목회 사역에 미력이지만 힘이 될 수 있을지 늘 기도한다. 이제 곧 장로직에서 은퇴할 나이인데...

2021년에 하나님께서 주신 출애굽기 23장 20절 말씀,

"내가 사자를 네 앞서 보내어 길에서 너를 보호하여 너를 내가 예비한 곳에 이르게 하리니"

그렇다, 하나님이 나를 보호하여 하나님 나라에까지 이르게 하신다고 약속하셨다. 이 말씀만 생각하면 힘이 나고 다시 일어나 말씀 앞에 서고 싶다. 이 땅에서 머무는 그날까지 하나님이 몸 된 성전을 돌보면서 코로나가 속히 종식되어 교회의 모든 활동이 왕성해지길 기도한다. 코로나가 끝나면 청지기학교, 제자대학, 지도자대학을 수료하여 목사님의 목회 철학을 좀 더 깊이 이해하고 교회에서 맡은 모든 분야에서 최선을 다하고 싶다. 이렇게 주신 일을 충성되게 섬기며 내가 마지막으로 이사할 곳, 하나님이 예비하신 곳에 가기 위해 준비할 것이다.

현세에 이런 목회자가 있을까

2018년 1월 첫 주부터 출석하며 섬기는 주안중앙교회 청라성전에 오기까지는 여러 교회를 섬기며 여러 목사님들을 만났다. 그 때 마다 하나님이 말씀가운데 가르쳐주신 대로 목사님께 최선으로 섬겼다고 말할 수 있다.

　　주안중앙교회 박응순 목사님. 목회에 열심히 이렇게 대단
하시다. 오직 하나님만 의지하고 교회의 부흥을 위해서 바쁘
시게 전념하시다 보니 자녀 가질 생각도 못 하셨다고 하신다.
사모님 최정해님과 결혼 한 지 13년이 지나서야 지인들의 권
면으로 한 자녀를 두셨는데 올 해 스물여덟 살이 된다고 한다.

호주에서 치과 의사로 재직중에 있는데 금년에 귀국을 권유해서 함께 고국에서 살 계획이라 하신다. 일 만에 가까운 성도들을 돌보시느라 지칠 정도로 바쁘신데 40여 명에 이르는 장로들의 생일 때면 목사님의 손 편지가 들어 있는 선물을 보내주시곤 한다.

그 선물을 받고 열어 보았을 때 이런 생각을 해 보았다. 현세에 과연 우리 박응순 목사님과 같은 목사님들이 몇이나 있을까? 담임 목사님께 귀한 선물을 받았으니 부족한 종도 형편껏 좋은 것으로 섬기는 그날까지 드리려고 기도하며 노력한다.

마지막 이사 갈 준비

누구나 마찬가지지만 우리는 이 땅에 살 동안 여러 번 이사를 한다. 직장 문제로, 형편상 피치 못해서, 가난 때문에 어쩔 수 없어서, 아이들의 학교 문제 등등 이런 저런 이유로 많은 비용을 부담하면서까지 거주지를 옮긴다.

나도 뒤돌아보니 참으로 여러 번 이사를 했다. 강원도에서 경기도 연천으로, 연천에서 서울 상계동으로, 상계동에서 10년 살면서 여덟 번이나 이사를 했고 서울에서 인천으로, 인천에서도 5번이나 이사를 했다. 모두 세어보니 열 네 번이다. 참 많은 곳을 옮겨 다니며 살아왔다. 생각해 보면 희비가 엇갈리는 순간들도 많았다.

어려웠던 1978년부터 1994년, 약 16년의 세월이 고난의 긴 터널이었다고 확신한다. 어떤 때에는 쫓겨 나가듯 이사할 때도 있었고 단칸방에서 18평 아파트로, 18평 아파트에서 32평 아파트로. 넓은 집으로 이사하면서 집 안 거실에 "넓은 장막 주신 하나님, 감사합니다!" 현수막을 붙였다. 그리고 그 현수막 아래에서 교회, 친지, 직장 사람들을 초대하여 푸짐하게 집들이도 했다. 그 모든 시절을 돌아보니 모두 다 하나님의 은혜요 성령님의 인도하심이었다.

이제 나는 아내와 함께 천부께서 예비하신 그 곳에 갈 준비를 해야한다. 어떻게 해야 할지를 꼽아가면서 점검 리스트를 만들었다.

먼저, 믿음으로 성령충만을 준비 합니다.

마태복음 25:1-13

1. 그 때에 천국은 마치 등을 들고 신랑을 맞으러 나간 열 처녀와 같다 하리니

2. 그 중의 다섯은 미련하고 다섯은 슬기 있는 자라

3. 미련한 자들은 등을 가지되 기름을 가지지 아니하고

4. 슬기 있는 자들은 그릇에 기름을 담아 등과 함께 가져 갔더니

5. 신랑이 더디 오므로 다 졸며 잘 새

6. 밤중에 소리가 나되 보라 신랑이로다 맞으러 나오라 하매

7. 이에 그 처녀들이 다 일어나 등을 준비할새

8. 미련한 자들이 슬기 있는 자들에게 이르되 우리 등불이 꺼져가니 너희 기름을 좀 나눠달라 하거늘

9. 슬기 있는 자들이 대답하여 이르되 우리와 너희가 쓰기에 다 부족할까 하노니 차라리 파는 자들에게 가서 너희 쓸 것을 사라 하니

10. 그들이 사러 간 사이에 신랑이 오므로 준비하였던 자들은 함께 혼인 잔치에 들어가고 문은 닫힌지라

11. 그 후에 남은 처녀들이 와서 이르되 주여 주여 우리에게 열어 주소서

12. 대답하여 이르되 진실로 너희에게 이르노니 내가 너희를 알지 못하노라 하였느니라

13. 그런즉 깨어 있으라 너희는 그 날과 그 때를 알지 못하느니라

열 처녀의 비유가 주는 교훈이 무엇일까?

우리는 모두 다 혼인 잔치에 초청을 받은 신부들인데 신랑을 맞이하지 못한다면 큰 불행이며 실패자일 것이다. 등은 예수를 믿는다고 하는 모든 사람이 가졌다고 할 수 있겠으나 여기에서 문제는 기름이다. 미련한 다섯 처녀는 간편하게 등에 붙은 원료통에 담긴 기름만 준비했다. 그런데 신랑이 더디 오므로 기다리는 시간이 길어졌다. 기름통에 기름은 떨어져 가

는데 어쩌나. 부랴부랴 이웃의 슬기로운 다섯 처녀에게 가서 우리의 등이 기름이 없어 꺼져가니 너희는 많이 있으니 좀 나눠 달라고 했다.

그러나 그들은 너희에게 줄 만큼 넉넉하지 못하니 기름 파는 곳에 가서 사가지고 오라했다. 역시 슬기로운 아가씨들이다. 그래 그렇게 하는 것이 좋겠다며 미련한 처녀들이 기름을 사러 간 사이에 신랑이 왔다. 기름을 넉넉히 준비하고 기다렸던 슬기로운 다섯 처녀가 잔치에 들어가고 곧 문이 닫혔다.

후에 기름 사러 갔던 그들이 와서 애걸복걸하며 문을 열어 달라 했지만 문은 열리지 않았다. 성 안에서 들려오는 신랑의 음성이 매섭다.

"내가 너희를 알지 못하였노라"

심판의 주로 오실 예수님은 사랑의 주로 오셨던 초림 예수님과는 확연히 차이가 있다. 기름을 준비 해야지. 늘 성령 충만을 유지해야 내 영이 살아서 오실 예수님을 맞이할 수 있다. 일러 주셨으니 말씀으로, 기도로 깨어 있는 내가 될 수 있기를 오늘도 기도한다.

현세에서의 삶을 어떻게 정리할까?

모든 사람이 태어나는 길은 모두 하나같이 같다. 그러나 죽는 모양은 천차만별이다. 그래서 인간의 평가는 태어나는 것보다 죽는 것으로 결정된다. 내가 세상에 올 때는 나는 울었고 내 주위의 모든 이들은 웃었다. 내가 세상을 떠나갈 때는 모든 사람이 아쉬워 우는 가운데 나는 웃으며 훌훌 떠나가고 싶다. 적신으로 왔으니 적신으로 돌아갈 내 고향 하늘나라, 지금 걸치고 있는 모든 것 버려야 한다.

1. 생각에서 버려야 할 것들이 무엇이 있을까?

욕심, 시기, 질투. 이런 잡것들은 버린 지 오래다. 죄악이 가득한 이 세상에서의 삶, 마치 니느웨라는 도시를 늘 연상케 한다. 하나님의 심판이 있을 것이라는 선지자로부터 경고의 메시지를 받은 그들은 남녀노소 지위고하를 막론하고 심지어는 짐승들까지도 회개했다. 바로 그 때 하나님은 자비를 베푸시고 그 성의 모든 백성을 용서하셨다.

나는 어떤가? 회개한다고 하는데 행동이 없는 회개만 하고 있지 않은가?

이 시간도 다시 기도한다.

"하나님 아버지, 회개의 영을 부어 주사 죄악 된 세상에서 떠나게 하옵소서. 가는 발걸음이 경건치 못하다면 빨리 돌아서게 하옵소서. 생각하는 것이 거룩하지 못하다면 내가 거룩하니 너희도 거룩하라 하는 말씀을 기억나게 하옵소서. 하나님 말씀 앞에 부끄럽지 않은 한 날의 삶이 되게 하옵소서. 성령님, 인도, 보호, 동행하심이 있게 하옵소서."

이렇게 기도하면서 오늘도 열심히 일하면서 살아간다.

버려야 할 것들을 세어보자

1. 탐심을 버리자.(우상숭배)
2. 미워하는 마음을 버리자.(살인)
3. 탐식을 버리자.(비만)
4. 거짓을 버리자.
5. 주변 정리를 하자.

위에 열거한 5가지만이라도 실천하면서 준비해야 한다. 오늘도 이를 위해 기도하면서 이렇게 살기를 바라고 또 원한다. 세상의 많은 사람이 그 욕심으로 마지막에 명예롭지 못하게 은퇴하거나 죽어가는 것을 매체나 뉴스를 통해서 본다.

조금이라도 더 가지려고 형제간에도 친척간에도 이웃간에도 직장에서는 동료간에도 사회의 모든 분야에서 그 욕심 때문에 망하는 사람들이 있다. 나는 욕심을 버리며 살려고 많이 노력하지만 이것도 하나님의 은혜 가운데서 가능하다고 믿는다.

미워하는 마음, 세상을 살다보면 종종 그런 마음이 생길 때가 있다. 그럴 때마다

'미움의 대상이 되는 그것이 사단의 유혹에 빠졌구나. 그래서 이토록 힘들게 하는구나. 그를 미워하기 보다는 기도해야겠다.'라고 다짐한다.

음식에 대한 욕심, 1950년 6.25사변 이후 우리나라는 먹고, 입고, 자는 문제가 가장 빨리 해결해야 할 과제였다. 먹을 것이 없어서 거리에 죽어가는 사람들이 있었을 정도이니. 70년이 지난 오늘 우리들은 의, 식, 주가 무엇인지조차 모르는 사람들이 많다.

내가 가장 싫어하는 것 중의 하나가 음식을 남겨서 버리는 것이다. 특히 뷔페 에서 음식 욕심이 많아 잔뜩 담고는 다 먹지 못 해 버리는 사람들을 흔히 볼 수 있다. 이 지구촌에 먹을 것이 없어서 굶어죽는 사람의 숫자가 하루에 3~4만 명이라고 하는데 이런 행위는 용서받기 어렵다고 생각한다.

거짓말, 아주 쉽게 거짓말을 하는 사람들이 있다. 거짓말의 조상이 누구인지 혹시 아는가? 그렇다. 마귀라고도 하는 사단이다. 에덴동산에 선악과의 열매를 따 먹지 말라고 말씀하신 하나님은 이 열매를 먹으면 "정녕 죽으리라"고 하셨다. 그런데 뱀이 와서 하와에게 와서 먹으면 "결코 죽을까 하노라" 하고 살짝 거짓말을 했다. 그래서 마귀를 거짓말쟁이의 조상이라 부른다.

주변정리, 무엇부터 해야 할까?

1. 인간관계다.

지금까지 근 50년 세월 많은 사람을 만나며 사귀어 왔다. 1974년 예수를 나의 구주로 영접하고 주변 사람들과 인연을 끊었다. 하나님을 기준 삼아 유익하지 못한 사람들은 정리해 왔다. 이제 마지막으로 내 주변에서 버려야 할 사람들이 누구일까? 얼마나 있을까? 예수 믿지 않는 모든 사람일까? 만약 버린다면 전도의 대상을 버리는 것은 아닐까? 그들이 정리하면 누굴 전도하나? 그들은 대상이 아닐 것이다. 곰곰이 생각해 봐도 내가 정리해야 할 사람은 한 사람도 없다.

2. 물질 관계다.

욕심없이 살다 보니 재산이 별로 없다. 절반을 대출받아 구입 한 29평짜리 아파트가 전부다. 노후대책도 50% 정도밖에 안 되어 있다. 그러나 지금도 많은 소득은 아니지만 아내와 함께 열심히 일하고 있다. 그때마다 하나님께 감사드린다. 건강 주심을. 돈을 벌 수 있는 능력을 주심을.

3. 취미 생활이다.

취미가 있다면 일하는 것이다. 일을 찾아서 하기도 하고 일을 만들어서 하기도 한다. 그리고 스포츠 시청을 즐겨 한다. 이것도 부분적으로 정리해야 할 것 같다.

이제 이 회고록의 마지막 부분을 쓰려고 한다.

출간을 2024년 4월경에 할 계획이다. 그때가 예수를 믿은

지 50년이 되는 해이다. 성경적으로는 희년이다. 그리고 아내 정진순 권사가 70세가 되는 해이다. 지인들을 초대하여 음식을 나누면서 하나님의 은혜에 감사하며 즐거운 시간을 보내려고 한다.

나의 기도문을 공개한다. 이 책을 읽는 많은 지인에게 기도를 부탁드린다.

기도제목은

1. 우리가족 열 식구를 위하는 기도이다.

아들 박형주 집사, 며느리 강보원 집사, 딸 박은주 집사, 사위 김영근 집사, 외손자 김강민, 외손녀 김윤아, 친손자 박희성, 친손자 박희랑 초등학생, 아내 정진순 권사다. 그리고 글을 쓰는 박용수 장로다. 모두 건강 지켜주시고, 그 직장 또한 사업장, 손주들이 다니는 학교에 하나님의 특별한 은혜가 있기를 매일 새벽마다 기도한다. 우리 손주들이 성인이 되면 하나님의 신실한 일꾼으로, 사회로부터 존경받는 일꾼으로 쓰임 받아 하나님께 큰 영광이 되게 해 달라는 기도 제목이다.

2. 주신 직분 달란트 넉넉하게 감당할 수 있는 믿음 주옵소서.

주안중앙교회(청라성전)에서 시설 관리국 국장으로, 순장으로 섬기고 있는데 건강을 지켜달라고, 시간적으로 여유를 달라고, 필요한 물질을 달라고 기도한다.

3. 성경 필사 5번째를 하면서 주님의 음성을 그 말씀 속에서 듣게 해 달라 기도한다. 어떤 사람들은 이렇게 말한다. 창세기부터 요한계시록까지 필사하기에는 1,200시간이 필요한데 시간이 아깝지 않으냐고 말이다. 나는 이렇게 말하고 싶다. 그 말씀 속에서 예수님을 만났고 지금까지 나를 돕고 계시는 그 하나님의 말씀을 한 자, 한 자 써 내려갈 때 남들이 모르는 특별한 은혜를 받는다고 말이다.

끝으로, 내가 제일 좋아하는 찬송을 쓰면서 부른다.

찬송 324장 "예수 나를 오라 하네"

1절) 예수 나를 오라하네 예수 나를 오라하네 어디든지 주를 따라 주와 같이 같이 가려네

2절) 겟세마네 동산까지 주와 함께 가려하네 피땀 흘린 동산까지 주와 함께 함께 가려네

3절) 심판하실 자리까지 주와 함께 가려하네 심판하실 자리까지 주와 함께 함께 가려네

4절) 주가 크신 은혜내려 나를 항상 돌보시고 크신 영광 보여주며 나와 함께 함께 가려네

후렴) 주의 인도하심 따라 주의 인도하심 따라 어디든지 주를 따라 주와 같이 같이 하려네

2024년 1월 박용수 장로 씀

주안중앙교회(청라성전)

앞에서 읽으신 바와 같이 우리 가정은 여러 번의 이사로 교회도 여러번 옮겼다. 이리저리 교회를 옮기긴 했으나 가는 곳마다 열심히 섬겼다. 이 마지막 때에 좋은 목회자를 만나 신앙생활을 할 수 있다면 큰 축복이라 생각한다. 지금 출석하는 교회는 주안중앙교회 청라성전이다. 인천 서구 청라 한내로 72번 길 14에 있는 교회로 당회장 박응순 목사님께서 시무하신다.

주안중앙교회 청라 성전은 2019년 9월 26일 준공했다. 대지 1,250평 규모의 교회로 3,500명의 성도가 한 번에 모여 예배드릴 수 있다. 시설과 규모가 큰 호텔급으로 청라 호수공원 음악 분수대 뒷 편에 위치한다. 아름다운 교회로 소문난 우리 교회다.

목사님이 강단에서 설교하실 때마다 처음에 꼭 선포하시는 말씀이 있다.

'하루 한 사람에게 전도하자'

'주일을 온전히 지키자'

'기도의 자리를 만들자'

'생각마다 주님을 사모하고 말 마다 주님을 증거하고, 걸음마다 주님과 동행하자'

이 말씀만 들어도 은혜가 되고 도전과 결단이 생긴다. 우리 목사님 저서가 30여 권 있다. 그 저서 중 한 권에 이런 글을 남기셨다. 지금도 기억이 난다.

'하나님은 고난이라는 큰 보자기에 축복을 싸서 주신다.'

내가 살아 온 과거의 일인 것 같아 감명 깊게 새기고 있다. 2년쯤 전에 설교하신 강론 한 편을 이곳에 소개하고자 한다.

정착신앙(시편 84편 1~6절)

우리 교회가 부평 5,020평의 성전으로 있을 때 세 그루의 좋은 소나무를 심었다. 저는 그 나무를 바라 볼 때 마다 우리 교회와 성도들을 지켜주시는 성부, 성자, 성령의 하나님을 생각하면서 그 상징으로 심었고 소나무들을 바라볼 때 마다 하나님을 생각했다. 그런데 청라 성전을 개척하고 3500석 예배당을 건축하면서 부평에 있는 소나무를 심어 둘 곳이 없어서 성전이 완공 될 때 까지 임시로 한 쪽에 심어 두었다. 건축하시는 장로님께 '죽지 않게 잘 신경 써서 보살펴 주세요'라고 부탁드렸는데 안타깝게도 한 그루가 죽었다.

살려보려고 영양제도 놓고 노력했지만 결국 죽었다. 그래서 청라 성전에 올 때마다 마음에 성부, 성자, 성령을 의미하는 소나무가 한 그루 없어서 아쉬워했다. 지금은 한 성도님의 헌신으로 소나무가 한 그루 추가로 심겨져 성부, 성자, 성령을 상징하는 세 그루의 소나무가 자라고 있다. 잘 자라던 나무를 잠깐 옮겨 심어도 몸살을 앓고 잘못하면 죽기도 한다.

그래서 나무가 잘 자라려면 뿌리를 잘 내려야 한다. 나무는 뿌리를 깊게 내려야 좋은 열매를 맺는 것처럼 성도들도 믿음의 뿌리를 깊이 잘 자라야 좋은 열매를 맺고 복되고 행복하게 멋진 신앙생활을 하게 된다.

(왕하 19장 30절) 남은 자는 다시 아래로 뿌리를 내리고 위로 열매를 맺을지라

신앙생활은 아래에서 믿음의 뿌리를 내리고 위에서는 축복의 열매를 맺어야 된다. 호박 덩굴이 아무리 싱싱하고 잘 자라서 담장을 덮어가며 마디마다 꽃이 피고 열매를 맺어도 뿌리가 깊지 않으면 중간에 시들해지고 끝내는 죽는다.

(시 1편 3절) 그는 시냇가에 심은 나무가 철을 따라 열매를

맺으며 그 잎사귀가 마르지 아니함 같으니 그가 하는 모든 일이 다 형통하리로다

　성도 중에도 대단치 않은 시험에 걸려서 신앙생활에 실패하는 것을 보면 믿음의 뿌리가 깊지 못하기 때문에 그런 생각을 하게 된다. 수 많은 성도들이 교회를 등록 했다가 왜 정착을 하지 못하고 겉돌다가 떠나는가? 특히 직분 있는 사람들이 이사를 와서 교회에 등록하고 신앙의 뿌리를 내리지 못하고 정착하지 못하고 넘어지는 것을 보면 가슴이 아프다.

　조그만 시험에도 넘어져서 교회를 떠나고 바른 신앙생활을 하지 못하는 것을 볼 때 매우 안타깝다. 특히 '좋은 재목이다' 싶었는데 뿌리를 내리지 못하고 돌아서거나 너무 성급히 나서다가 시험의 바람에 휘말리고 자기 뜻대로 되지 않는다고 원망, 불평하고 투덜거리다가 교회를 떠나고 쓰러지는 사람들이 있다.

　그러므로 성도는 주님의 제단에 정착하는 신앙을 살아야한다. 예수님을 믿으면서도 예수 밖의 생활을 하면 안된다. 교회에 다니면서 자기 교회관이 없는 성도가 많이 있다. 자기 목자, 자기 성도 속에서 살지 못하고 구경꾼 같은 사람들이 너무나 많다.

　사명은 받았으나 사명 밖에 있다. 자기 가정에 정착하지 못하고 밖으로 나돌며 하루하루를 살아간다. 그러니까 삶의 의

욕이 없고 잘못된 삶을 살게 되는 것이다. 이런 폐단을 없애고 자기 예수, 자기 교회, 자기 목자, 자기 성도, 자기 가정, 자기 사명 안에 살자는 것이 정착 신앙이다.

정착이란? '그 안에 거한다. 그 안에 산다'는 의미를 갖고 있다. 주인 의식과 책임 의식이 있는 모습을 말한다. 자기 의무를 기쁨으로 감당하는 것이다. 여기에서 자기 희생과 사랑이 뒤따라야 한다. 투자하는 마음이 뒤따라야 한다. 교회를 위해 주님을 위해 몸도 마음도 물질도 투자 할 수 있어야 한다. 성도는 어떻게 정착 신앙을 가지고 주님만 바라보고 하나님을 바로 섬길 수 있을까요?

1. 성도는 철저하게 '내 복음관'에 정착해야 합니다.

마태복음 16장을 보면, 한번은 예수님께서 가이사랴 빌립보 지방에 가실 때 제자들에게 '얘들아 사람들이 나를 누구라 하느냐'고 물으실 때 '어떤이는 세례 요한이라고도 하고 어떤이는 엘리야, 또 예레미야나 선지자 중에 한 사람이라고 합니다'라는 대답을 한다.

그러자 예수님께서 '그러면 너희는 나를 누구라 하느냐'고 묻자 옆에 있던 시몬 베드로가 '주는 그리스도시요 살아계신 하나님의 아들이십니다'라고 대답하자,

예수님께서 기뻐하시면서 '바요나 시몬아 네가 복이 있도

다 이를 네게 알게 한 이는 혈육이 아니요 하늘에 계신 내 아버지시니라 또 내가 네게 이르노니 너는 베드로라 내가 이 반석 위에 교회를 세우리니 음부의 권세가 너를 이기지 못하리라'(마 16장 17~18절)고 하셨다.

성도는 베드로처럼 철저하게 내 복음관에 정착해야 한다. 그렇지 않으면 언제든지 이단에 미혹되고 넘어지고 잘못된 신앙에 빠지게 된다.

(갈 1장 8~10절) 그러나 우리가 혹은 하늘로부터 온 천사라도 우리가 너희에게 전한 복음 외에 다른 복음을 전하면 저주를 받을 지어다, 우리가 전에 말하였거니와 내가 지금 다시 말하노니 만일 누구든지 너희가 받은 것 외에 다른 복음을 전하면 저주를 받을지어다, 이제 내가 사람들에게 좋게 하랴 하나님께 좋게 하랴 사람들에게 기쁨을 구하랴 내가 지금까지 사람들의 기쁨을 구하였다면 그리스도의 종이 아니니라

사도 바울은 무서운 저주를 말하기까지 자기 복음이 진짜라고 고백한다. 자기가 전하는 복음이 진짜라는 것이다.

(고전 2장2절) 내가 너희 중에서 예수그리스도와 그가 십자가에 못 박히신 것 외에는 아무것도 알지 아니하기로 작정하였음이라

(갈 6장 14절)그러나 내게는 우리 주 예수그리그도의 십자가 외에 결코 자랑할 것이 없으니

(갈 6장 17절)이 후로는 누구든지 나를 괴롭게 하지 말라 내가 내 몸에 예수의 흔적을 지니고 있노라

성도는 하나님의 영을 받은 특권을 얻은 하나님의 자녀들이다.

(사 43장 1절)내가 너를 지명하여 불렀나니 너는 내 것이라

(요 14장 18절)내가 너희를 고아와 같이 버려두지 아니하고

(골 2장 6~7절)그러므로 너희가 그리스도 예수를 주로 받았으니 그 안에서 행하되, 그 안에 뿌리를 박으며 세움을 받아

이 명확한 내 복음관에 정착해야 한다. 복음이란 좋은 소식. 복된 소식이다. 이 복된 소식이 무엇입니까?

(눅 2장 10~11절) 내가 온 백성에게 미칠 큰 기쁨의 좋은 소식을 너희에게 전하노라, 오늘 다윗의 동네에 너희를 위하여 구주가 나셨으니 곧 그리스도 주시니라

(롬 1장 2~4절) 이 복음은 하나님이 선지자들을 통하여 그의 아들에 관하여 성경이 미리 약속하신 것이라, 그의 아들에 관하여 말하면 육신으로는 다윗의 혈통에서 나셨고 성결의

영으로는 죽은 자들 가운데서 부활하사 능력으로 하나님의
아들로 선포 되셨으니 곧 우리 주 예수 그리스도시니라

(롬 1장 16절) 이 복음은 모든 믿는 자에게 구원을 주시는
하나님의 능력이 됨이라

예수그리스도를 나의 구주로 확실히 믿는 것이 복음이다.
이렇게 믿을 때 능력이 나온다. 확실한 구원을 얻는다. 이 복
음은 단순히 급조나 날조된 조잡한 인위적인 사건이 아니다.
이는 이미 이사야 7장 14절과 이사야 53장에서 이사야 선지
자의 예언으로 임마누엘의 탄생을 약속했으며 또한 구속주
의 사역을 이미 예언했으며 창세기 3장 15절에도 미리 밝힌
사건이다.

그러므로 성도는 온 인류의 구원을 위하신 하나님의 사랑
에 의한 예수 그리스도의 구속 사역을 감사함으로 받아들여
야 한다. 이 사실은 지식으로 아는 것이 아니고 가슴으로 받
아들여 생활 속에서 복음으로 증거가 나타나야 하는 것이다.

성도의 제일 첩경은 바로 이 복음관에 깊이 정착해야 하는
것이다. 오랜 세월 예수를 믿었으면서도 왜 이단에 넘어가고
신앙이 이상해지고 작은 일에도 신앙이 흔들리는 이유가 무
엇입니까? 철저한 내 복음관이 없기 때문이다. 주님의 말씀이
아닌 사람의 말에 미혹돼서 그 영이 잘못되고 이단에 빠지는
것이다. 내 복음관에 정착하라는 말은 자기 신앙 고백이 있어

야 하며 그 고백 안에서 어떠한 일이 있어도 예수그리스도 안에서 살아야 한다는 것이다.

"내가 참으로 예수님을 나의 구주로 고백 하는 내 속에 예수님이 정말 거주 하고 계시는가? 내가 지금 주님 안에 있는가?" 생각해 보아야 한다.

(롬 8장 9절) 누구든지 그리스도의 영이 없으면 그리스도의 사람이 아니라

(요 15장 7절)너희가 내 안에 거하고 내 말이 너희 안에 거하면 무엇이든지 원하는 대로 구하라 그리하면 이루리라

예수님은 부활 신앙이 없어 의심하는 도마를 향해 믿음 없는 자가 되지 말고 믿음 있는 자가 되라(요 20:27)고 하셨다. 사도 바울은 확신있는 복음관에 정착된 아름다운 모습을 보여주었다.

바울은 세상에서 부러울 것이 없는 명예, 권세, 학식, 가문, 전통, 심지어 로마 시민권을 가지고 있는 세상에서 부러울 것이 없는 신분을 가진 사람이었다. 또한 종교계의 거물급 지도자였지만 그는 다메섹 도상에서 예수님을 만난 후 변화되었다(행 9:3~19).

그는 예수님 안에 복음 안에 정착되었다 그는 위대한 복음의 증거자가 되었다. 그러므로 모든 성도들은 내 복음관에 깊

이 정착되어야 한다.

2. 성도는 흔들림 없는 '내 교회관'에 정착해야 합니다.

칼빈은 '기독교 강요'에서 "하나님께서는 자기 백성을 양육함에 있어서 눈에 보이는 교회를 두시고 또한 이 교회 안에서 말씀을 전하고 다스리고 섬기는 여러 직무를 주시고 성도들을 양육케 하여 그리스도의 몸 된 교회를 세우려 함이라"고 했다. 모든 성도는 교회의 가르침이나 다스림을 잘 받을 때 온전한 성도의 역할을 할 수 있다. 많은 사람이 교회의 참 중요성을 인식하지 못하고 혼자서 성경을 읽고 묵상하고 기도를 드려도 충분하다며 교회의 가르침을 외면하는 사람들이 있다.

그러나 성경의 원리는 보이는 교회를 통하여 말씀을 청종하고 정확한 양육과 보호를 받는 것이다. 이 땅의 성도가 안타깝게도 교회를 통한 양육과 보호를 거부하고 하나님의 인도를 따르지 않고 자기 뜻대로, 생각대로 행하다가 이단에 빠지고 잘못되는 경우가 많이 있다. 젊은이들 중에도 그런 사람이 적지 않다. 마지막 때를 살아가는 성도는 내가 만나는 사람들의 영을 함부로 믿지 말고 오직 그 영들이 하나님께 속해 있는지 분별해야 한다.

(요1 4장 1절) 사랑하는 자들아 영을 다 믿지 말고 오직 영들이 하나님께 속하였나 분별하라 많은 거짓 선지자가 세상에 나왔음이라

또한 사도신경에서 '거룩한 교회를 믿는다'는 것은 성도가 교회의 권위를 인정하고 존중해야 한다는 것이다.

(시 84편 1~4절) 만군의 여호와여 주의 장막이 어찌 그리 사랑스러운지요 내 영혼이 여호와의 궁정을 사모하여 쇠약함이여 내 마음과 육체가 살아 계시는 하나님께 부르짖나이다 나의 왕, 나의 하나님, 만군의 여호와여 주의 제단에서 참새도 제 집을 얻고 제비도 새끼 둘 보금자리를 얻었나이다 주의 집에 사는 자들은 복이 있나니 그들이 항상 주를 찬송하리이다(셀라)

성도여러분! 내 교회, 내 목자가 얼마나 귀한가를 평상시에는 모른다. 하지만 어려운 일을 당하고 힘든 일이 생기면 내 교회, 내 목자가 얼마나 귀한가를 깨닫게 된다. 귀하고 복된 교회에서 내가 가르침을 받고 영적 훈련을 받는 내 교회가 있다는 것을 감사하게 된다. 주님의 교회에서 훈련받고 교육받는 것이 얼마나 중요한가를 알아야 한다.
수십 년 예수를 믿었던 장로님, 권사님, 집사님이 왜 이단에

빠집니까? 교회에서 복음의 확실한 신앙관이 바로 서지 못했기 때문이다. 교만해서 교회의 성경 교육과 말씀의 교육은 받지 않으면서 숨어서 아무도 모르게 비밀로 하라는 잘못된 성경 공부하러 다니다가 이단에 미혹되어 영혼이 지옥에 가게 되고 비참한 인생이 되는 것이다. 자기 교회가 없는 사람처럼 불쌍한 성도가 없다. 내 교회에 정착하자는 것은 바로 자기 교회에서 주인 의식을 갖고 교회 안에서 거주하는 것이다. 교회만 왔다 갔다 하는 신앙생활이 아니라 교회 안에 머물러 주의 종이 맡긴 일을 하나님이 맡기신 일로 받아들이고 내 일같이 기쁨으로 감당해야 한다.

성도 여러분! 내 교회관에 정착한 신앙생활은 열정이 있다.

(계 2장 10절) 네가 죽도록 충성하라 그리하면 내가 생명의 관을 네게 주리라

내 교회관에 잘 정착했는지는 어떻게 알 수 있을까요? 내가 주인 의식, 책임 의식을 가지고 교회 생활을 하면 내 교회관에 정착한 것이고 방관하고 무관심하고 그저 주일 예배만 무심히 드리는 것으로 만족하고 있다면 아직도 내 교회관에 정착하지 못한 것이다. 그러므로 성도는 모두 나눔방(구역, 속회)에 들어가서 정착해야 한다. 내 교회관에 정착한 사람은 교회에서 봉사를 잘한다. 교회에서 헌신하는 것은 하나님의 일

을 하는 것이다.

(골 1장 24~25절) 나는 이제 너희를 위하여 받는 괴로움을 기뻐하고 그리스도의 남은 고난을 그의 몸 된 교회를 위하여 내 육체에 채우노라, 내가 교회의 일꾼 된 것은 하나님이 너희를 위하여 내게 주신 직분을 따라 하나님의 말씀을 이루려 함이니라

충성이란? 성도가 하나님의 나라와 영광을 위해서 주님의 몸 된 교회를 위해서 헌신하고 투자하는 것이다. 다윗은 아라우나가 바치는 성전세를 받지 않고 값을 주고 샀다.

(삼하 24장 24절) 내가 값을 주고 네게서 사리라 값 없이는 내 하나님 여호와께 번제를 드리지 아니하리라

보물을 얻으려면 밭을 사야 한다. 자기 교회를 위한 투자가 없는 성도는 바른 성도가 될 수 없다. 자기 교회에 관심 없는 성도가 많은 교회는 하나님의 기쁨이 될 수 없고 축복과 부흥도 없는 것이다. 내가 진실된 성도가 되고 깊이 있는 신앙인이 되려면 내 교회가 되도록 자기를 희생할 줄 알아야 한다.
'월트 디즈니'라는 사람은 만화가였다. 그러나 그를 인정해 주고 써 주는 사람은 아무도 없었다. 실직하여 가진 돈은 떨

어지고 오갈 데가 없어서 목사님께 부탁을 해서 교회의 창고 같은 방에서 생활했다. 그는 하나님께 기도했다.

'하나님 저를 한번만 써 주세요. 그러면 큰 일을 하겠습니다. 하나님의 영광을 위해 살겠습니다.'

그는 먹을 것이 없어서 통조림 깡통에 있는 콩을 먹었다. 그에게 유일한 친구는 생쥐뿐이었다. 그는 생쥐에게 자기가 먹는 통조림 콩을 주면서 하나님의 은혜로 미키 마우스라는 생쥐를 그렸는데 이것이 대 히트를 쳐서 그 유명한 디즈니 랜드 공원을 만든 부자가 되었다.

여러분! 어떤 상황에서도 교회에 붙어 있으면 복을 받는다. 부족한 자가 부족함이 없는 자가 된다. 할 수 없는 자가 할 수 있는 자가 되고 병든 자가 건강하게 되고 실패한 자가 성공한 자로 바뀐다. 주님 제단에 충성하는 자가 교회의 기둥이 되고 일꾼이 되고 축복받은 성도가 되고 뿌리가 되어 흔들림 없는 신앙생활을 하게 된다.

(시 84편 4절~5절) 주의 집에 사는 자들은 복이 있나니 그들이 항상 주를 찬송하리이다(셀라) 주께 힘을 얻고 그 마음에 시온의 대로가 있는 자는 복이 있나이다

내 교회에 정착하는 신앙은 자기 교회를 소중히 여기고 부흥시키는 사람이다. 다시 말하면 자기 복음관에 정착하고 교

회관에 정착하고 목자관, 사명관, 가정관에 정착하여 교회를 소중히 여기고 교회 부흥의 주역이 된다. 교회를 소중히 여기고 부흥시키는 사람은 아멘(순종)하는 성도로서 말씀으로 무장하여 성령의 인도를 받는다. 하나님은 자원하는 마음으로 나오는 자를 축복하시고 들어 쓰신다. 출애굽기 25장 1절에도 하나님은 '자원하는 예물을 받으라'고 하셨다.

주의 일은 기쁨으로 해야 한다. 즐거움으로 해야 한다. 내교회를 사랑하지 못하고 내 목자를 사랑하지 못하기 때문에 불평이 나오는 것이다. 문제가 있으면 엎드려 하나님께 기도하게 된다. 하나님의 은혜와 축복이 임할 것이다. 부평초같은 사람이 되면 안된다. 그러므로 성도는 무엇보다 내 교회관에 정착하고 신앙의 뿌리를 잘 내려 주님이 세우신 교회에서 구원받고 복 받는 성도들이 다 되시길 바란다.

3. 성도는 내 목자관에 정착해야 합니다.

(요 10장 27절) 내 양은 내 음성을 들으며 나는 그들을 알며 그들은 나를 따르느니라

성도가 자기 목사에게 정착하지 못하면 그 교회에서 축복과 은혜를 받을 수 없다. 올바른 신앙생활과 봉사도 할수 없다. 자기 목자가 없는 성도처럼 불쌍한 성도가 어디 있겠습니까?

오늘날 교회 안에서 목사와 성도와의 관계가 원만치 못하여 불미스러운 일들이 일어나는 것을 보게 된다. 성경 말씀을 통해서 목사가 무엇인지? 목회자에게 어떻게 해야 하는가를 배워야 한다. 주의 종의 권위는 스스로 생긴 권위가 아니라 철저하게 하나님으로부터 시작 된 권위라는 사실을 알아야 한다.

(엡 4정 11절) 그가 어떤 사람은 사도로, 어떤 사람은 선지자로, 어떤 사람은 복음 전하는 자로, 어떤 사람은 목사와 교사로 삼으셨으니

하나님께서 세상 만물을 다스릴 때 하나님 자신이 직접 다스리지 않으셨다. 중간 권위자를 두어 대신 다스리게 하셨는데 교회는 특히 담임목사에게 하나님의 절대적인 권위를 주어 다스리게 하셨다. 하나님은 영이시기 때문에 지상 교회는 보이는 주의 종에게 그 권위를 맡기셨다. 마가복음 13장 34절에 종들로 표현했고 각각 그 권위를 맡겼다는 것이다.

그 권한은 주님의 권한이요 그 시무는 주님이 맡기신 일거리다. 그러므로 목사가 하는 일은 주님의 일을 하는 것이요 목사의 하는 일을 돕는 것은 주님의 일을 돕는 것이다. 하나님의 말씀으로 받아들이며 주의 종의 다스림을 받아야 한다.

(마 10장 40절) 너희를 영접하는 자는 나(예수님)를 영접하

는 것이요 나(예수님)를 영접하는 자는 나를 보내신 이(하나님)를 영접하는 것이니라

목사는 말씀을 전하고 다스리고 봉사하며 섬기는 일에 충실해야 한다. 성도는 잘 순종하여 목사님의 설교를 하나님의 권위로 받아들여 기쁨으로 순종해야 한다.

(살전 2장 13절) 이러므로 우리가 하나님께 끊임없이 감사함은 너희가 우리에게 들은 바 하나님의 말씀을 받을 때에 사람의 말로 받지 아니하고 하나님의 말씀으로 받음이니
(히 13장 17절) 너희를 인도하는 자들에게 순종하고 복종하라 그들은 너희 영혼을 위하여 경성하기를 자신들이 청산할 자인 것 같이 하느니라 그들로 하여금 즐거움으로 이것을 하게 하고 근심으로 하게 하지 말라 그렇지 않으면 너희에게 유익이 없느니라

내 교회 내 목자관에 정착하지 못하는 사람을 보면 첫째로 자기가 제일 똑똑하고 잘난 줄 안다. 그래서 자기 뜻대로 되어야 옳다고 생각한다. 그러나 착각하지 마세요. 그것은 잘못된 것이다. 두 번째로 앞장서기를 좋아한다. 세 번째 매사에 불평불만이 많다. 이런 신앙인이 되어서는 안된다. 그러므로 성경은 목사를 승인하고 존경하고 대접하고 순종하라

고 강조한다.

신명기 21장 5절을 보면 주의 종들은 하나님을 섬기며 여호와의 이름으로 하나님의 백성들을 축복하고 모든 송사의 판결을 하라고 하셨다. 민수기 6장 23절은 "하나님의 백성을 축복하라"고 했고 마태복음 10장 12절에는 "합당한 성도에게 평안을 빌라"고 했다.

(대하 20장 20절) 너희 하나님 여호와를 신뢰하라 그리하면 견고히 서리라 그의 선지자들을 신뢰하라 그리하면 형통하리라

성도의 축복은 분명하게 자기 하나님. 자기 교회. 자기 목자를 향한 뜨거운 믿음이 있어야 한다. 자기 교회에 정착하지도, 믿지도 못하면서 그 교회에서 은혜를 받을 수 없고 자기 목자를 불신하는 성도가 그 목사님 밑에서 올바른 신앙생활을 할 수 없다. 그래서 성도는 자기 목사님 마음을 기쁘게 해 드리고 즐겁게 하고 유쾌하게 할 때 은혜 받고 복된 신앙생활을 할 수 있는 것이다.

4. 성도는 '내 가정관'에 깊이 정착해야 합니다.

오늘날 현대 사회는 가정의 윤리가 파산되고 일대 위기에

직면 하고 있다. 특히 교회 안에서까지도 이러한 흐름은 많은 문제를 야기시키고 있다. 또한 내 가정관에 정착되지 못한 사람은 교회 생활을 바로 할 수 없다. 신앙이 그렇게 좋던 사람도 내 가정관이 흔들리니까 내 가정에 정착되지 못하니까 신앙이 쓰러지고 인생의 실패자가 되는 것을 보았다. 가정이 평안해야 한다. 가정이 행복하고 평안해야 한다. 가정은 하나님께서 직접 만드셨다.

(창 1장27~28절) 하나님이 자기 형상 곧 하나님의 형상대로 사람을 창조하시되 남자와 여자를 창조하시고 하나님이 그들에게 복을 주시며 하나님의 그들에게 이르시되 생육하고 번성하여 땅에 충만하라, 땅을 정복하라, 바다의 물고기와 하늘의 새와 땅에 움직이는 모든 생물들을 다스리라 하시니라

창세기 2장 22절부터 25절은 1남 1녀를 하나님이 결합시켜서 한 가정을 만드신 것을 볼 수 있다. 가정은 하나님의 축복을 받는 최초의 '시은소'이기도 하다. 인류의 축복도 가정에서부터 시작되었다. 자기 가정에 정착하지 못하는 사람은 교회에도 정착을 기대할 수 없다. 가정은 천국의 모습이 되어야 한다. 행복해야 된다. 가정이 지옥과 같이 되어서는 안 된다.

내 남편, 내 아내, 내 자녀, 내 가정이 최고인 줄 알고 살아

야 한다. 다른 집과 비교하며 원망, 불평하며 살면 자기만 손해다. 삶이 피곤하다. 그리고 가정에서 서로 지켜주고 존중해야 할 것은 가장의 권위다. 가장의 권위는 하나님으로부터 시작된 것이다. 하나님은 이 세상 모든 만물을 다스릴 때 반드시 중간 권위자를 세우셨다. 나라에는 대통령을 세우고 교회에는 담임 목사를, 회사에는 사장을. 공장에는 공장장을. 가정에는 부모를 부부간에도 남편을 권위자로 세웠다. 하나님은 이 권위에 도전하는 것을 원치 않으신다.

(엡 5장 22~24절) 아내들이여 자기 남편에게 복종하기를 주께 하듯 하라, 이는 남편이 아내의 머리 됨이 그리스도께서 교회의 머리 됨과 같음이니 그가 바로 몸의 구주시니라, 그러므로 교회가 그리스도에게 하듯 아내들도 범사에 자기 남편에게 복종할 지니라

그러므로 이 권위에 기쁨으로 순종해야 한다. 하나님은 이 권위에 도전하는 것을 기뻐하지 않으신다. 부모가 자식보다, 목사가 성도보다 인격이 부족 할 수 있다. 그러나 우리는 그 인격이나 지식이나 그가 가진 어떤 신분 때문이 아니고 그의 권위 곧 하나님으로부터 받은 권위 때문에 존중히 여기는 것이다. 권위에 순종하는 단체 또는 그 공동체는 반드시 하나님의 축복을 받게 될 것이다.

가정은 하나님의 축복 속에서 시작한 사랑의 공동체다. 부모는 자식에게 명령하는 것이 아니라 사랑과 이해와 용서가 따라야 하며 남편은 아내에게 강요하는 복종이 아니라 그리스도가 교회를 사랑하듯이 뜨거운 사랑이 전해져야 한다. 사랑이 없이 권위만 주장한다면 이는 그리스도인의 가정이 아니다.

(엡 5장 25절) 남편들아 아내 사랑하기를 그리스도께서 교회를 사랑하시고 그 교회를 위하여 자신을 주심 같이하라

가정의 질서가 파괴되는 것은 권위보다 앞선 사랑의 고갈 때문이다. 모든 인생의 다툼과 분쟁은 사랑의 고갈 때문이다. 부모와 자식간의 문제, 부부간의 문제, 고부간의 문제들은 전부가 사랑의 고갈 때문이다. 남편은 아내를 하나님이 짝지어 주신 배필로 받아들이고 사랑해야 하며 부모는 자식을 하나님께서 위탁한 가장 귀한 선물로 받아들이고 사랑해야 한다. 그리고 하나님의 말씀으로 교양과 훈계를 해야 한다.

(엡6장 1절~4절) 자녀들아 주 안에서 너의 부모에게 순종하라 이것이 옳으니라. 네 아버지와 어머니를 공경하라 이것은 약속이 있는 첫 계명이니 이로써 네가 잘되고 땅에서 장수 하리라 또 아비들아 너희 자녀들을 노엽게 하지 말고 오직 주의

교훈과 훈계로 양육하라

또한 고부간에 있어서도 며느리는 시부모를 자기 부모와 같은 효성으로 순종과 공경의 의무를 다해야 한다. 또한 시부모는 며느리를 자기가 낳은 자식과 같이 사랑하고 이해해야 한다. 기독교 가정에 이런 사랑이 감돌 때 하나님이 축복받는 가정이 될 것이다. 그리스도인의 가정에는 권위도 순종과 사랑 모든 것이 다 필요하지만 무엇보다 가정의 터가 되는 예수 그리스도를 모신 가정이 되어야 한다.

(고전 3장 10~11절) 내게 주신 하나님의 은혜를 따라 내가 지혜로운 건축자와 같이 터를 닦아 두매 다른 이가 그 위에 세우나 그러나 각각 어떻게 그 위에 세울까를 조심할지니라, 이 닦아둔 것 외에 능히 다른 터를 닦아 둘 자가 없으니 이 터는 곧 예수그리스도라

(마 7장 24절) 그러므로 누구든지 나의 이 말을 듣고 행하는 자는 그 집을 반석 위에 지은 지혜로운 사람 같으리니

(마 16장 16~17절) 시몬 베드로가 대답하여이르되 주는 그리스도시요 살아계신 하나님의 아들이시니이다 예수께서 대답하여 이르시되 바요나 시몬아 네가 복이 있도다 이를 네게 알게 한 이는 혈육이 아니요 하늘에 계신 내 아버지시니라

신앙고백이 없는 가정은 그리스도의 가정이 아니다. 그리스도를 중심으로한 가정, 하나님의 말씀을 중심으로한 가정은 영존한다. 하나님은 노아에게 방주를 지으라고 명령할 때 "노아가 그와 같이하여 하나님이 자기에게 명하신 대로 다 준행하였더라(창 6장 22절 말씀)"

또한 모세에게 성막을 지으라고 명령하실 때 "무릇 내가 네게 보이는 대로 장막의 양식과 그 기구의 양식을 따라 지을지니라(출 25장 9절 말씀)"고 했다. 성막에 쓰인 재료는 모두 예수그리스도를 상징하는 것임으로 이는 하나님의 가정의 철저하게 예수그리스도 터 위에 세워져야 하며 하나님 중심의 가정이 되어야 함을 말해 주고 있다.

모래 위에 지은 집은 마무리가 잘 지은 것 같아도 바람이 불고 창수가 나면 언젠가는 다 무너지지만 반석 위에 시운 지은 비바람이 불고 창수가 나도 결코 넘어지지 않는다. 성도는 내 가정관에 정착해야 한다. 내 가정에 정착함 없이는 바른 신앙생활도, 봉사도, 은혜도, 축복도 받을 수 없다. 또한 정착된 신앙이 될 수 없는 것이다. 부평초같이 물결따라 떠내려가는 신앙이 되고만다. 자기 가정을 영적으로 잘 정돈하고 사랑하고 자기 가정에 정착하는 것은 큰 축복인 것이다.

5. 마지막으로 성도는 내 사명관에 정착해야 합니다.

(고전 4장 2절) 맡은 자에게 구할 것은 충성이니라

　성도는 먼저 내 복음. 내 교회, 내 가정, 내 목자관에 정착한 다음에 내 사명관에 정착해야 한다. 마음이 들떠서 목적지를 정하지 못하면 마음만 분주하다. 신앙생활도 교회에 정착하지 못한 신앙은 범사가 불안정하고 축복은커녕 봉사나 헌신할 수도 없다.

　사명이란? '하나님께서 나에게 맡기신 일거리'를 말한다. 이것은 하나님의 명령이라 해도 좋고 아니라 해도 좋은 그런 기호나 선택에 의한 것이 아니다. 받은 은사나 재능 그리고 교회가 나에게 맡겨준 일거리를 등한시하는 것은 옳지 못한 것이다. 예수님이라는 이름의 뜻은 자기 백성을 죄에서 구원할 자라고 했다.

　(마 1장 21절) 아들을 낳으리니 이름을 예수라 하라 이는 그가 자기 백성을 그들의 죄에서 구원할 자이심이라 하니라

　예수님 그 이름 자체가 사명의 뜻을 가지고 있다. 이 사명은 모두 하나님으로부터 온 것이다.

　(마 3장 16~17절) 예수께서 세례를 받으시고 곧 물에서 올라오실새 하늘이 열리고 하나님의 성령이 비둘기 같이 내려 자

기 위에 임하심을 보시더니 하늘로부터 소리가 있어 말씀하시되 이는 내 사랑하는 아들이요 내 기뻐하는 자라 하시니라

예수님은 자기가 하나님의 아들로서의 사명을 직접 이렇게 체험하셨다. 그러므로 예수님의 사역은 하나님의 아들로서 자기 사명을 명확히 알고 있었다. 이후에는 십자가 사건과 부활 사건을 제자들에게 예고하셨다.

(마 16장21절) 이 때로부터 예수그리스도께서 자기가 예루살렘에 올라가 장로들과 대제사장들과 서기관들에게 많은 고난을 받고 죽임을 당하고 제 삼일에 살아나야 할 것을 제자들에게 비로소 나타내시니

(마 20장 28절) 인자가 온 것은 섬김을 받으려 함이 아니라 도리어 섬기려 하고 자기 목숨을 많은 사람들의 대속물로 주려 함이니라

예수님은 자기 사명에 정착한 위대한 구속 사역을 수행하셨다. 또한 세례 요한은 예수님은 선포하는 사명자였다. 세례 요한은 짧은 생애를 살았지만 그는 열심히 예수님을 증거했다. 성경은 세례요한이 하나님으로부터 받은 사명관이 투철했다고 증언한다.

(요 1장 32~34절) 요한이 또 증언하여 이르되 내가 보매 성령이 비둘기 같이 하늘로부터 내려와서 그의 위에 머물렀더라, 나도 그를 알지 못하였으나 나를 보내어 물로 세례를 베풀라 하신 그이가 나에게 말씀하시되 성령이 내려서 누구 위에든지 머무는 것을 보거든 그가 곧 성령으로 세례를 베푸는 이인 줄 알라 하셨기에 내가 보고 그가 하나님의 아들이심을 증언하였노라 하니라

이 얼마나 확실한 사명을 받았습니까? 그러기에 세례요한은 자기를 따르던 제자들이 예수님을 따라갈지라도 그는 불평하지 않고 당연한 것으로 받아들였다. 그는 오히려 자기를 떠나서 예수님을 따르는 제자들의 모습을 보고 오히려 기쁨으로 충만했다고 한다.

(요 3장 29절) 신부를 취하는 자는 신랑이나 서서 신랑의 음성을 듣는 친구가 크게 기뻐하나니 나는 이러한 기쁨으로 충만하였노라
(요 3장 30절) 그는 흥하여야 하겠고 나는 쇠하여야 하리라

얼마나 귀한 자기 사명에 정착했습니까. 그러기에 세례요한의 평생의 삶은 예수님을 증거하는 사명 속에서 기뻐했던 것입니다. 또한 사도 바울과 같이 자기 사명이 뚜렷한 분도

많지 않다. 사도 바울은 사울이라는 이름을 가지고 예수 믿는 사람들을 열심히 핍박했던 유명한 사람이었다. 사도행전 8장 58절을 보면 스데반을 돌로 쳐 죽이는데 앞장섰던 사람이다. "사울은 그가 죽임 당함을 마땅히 여기더라(행 8장1절 말씀)"고 했다. 이런 사울이 어떻게 주님 편에서 철저하게 사명을 완수할 수 있었습니까? 그것은 철저하게 하나님으로부터 사명을 받았다는 확신을 가지고 있었기 때문이다. 그는 예수 믿는 사람들을 핍박하려고 다메섹에 달려가던 중에 "사울아, 사울아 네가 어찌하여 나를 핍박하느냐"하는 음성을 듣고 "주여 뉘시오니까"할 때 "나는 네가 핍박하는 예수라"하는 주님의 음성을 들었다.

(행 9장 15절) 주께서 이르시되 가라 이 사람은 내 이름을 이방인과 임금들과 이스라엘 자손들에게 전하기 위하여 택한 나의 그릇이라.

사도 바울은 이 대 명령을 주님께 직접 받았다. 그는 "내가 그리스도 안에 있는 한 사람을 아노니 그는 십사 년 전에 셋째 하늘에 이끌려가(고후 12장2절 말씀)"라고 친히 말을 들었다고 했다.
바울은 이렇게 친히 듣고 보고 체험한 사명의식을 가졌기 때문에 그는 이 사명을 거절 할 수가 없었다. 자기가 가지고 있는 모든 소유를 주님을 위해 바쳤다. 그렇기 때문에 바울 서신에 나와 있는 말씀 하나하나가 너무 실감나는 자기 사명에서 얻은 신앙고백이었다.

(갈 1장8절) 우리가 너희에게 전한 복음 외에 다른 복음을 전하면 저주를 받을 지어다
(갈 1장10절) 이제 내가 사람들에게 좋게 하랴 하나님께 좋게 하랴 사람들에게 기쁨을 구하랴

내가 지금까지 사람들의 기쁨을 구하였다면 그리스도의 종이 아니니라. 사명자는 청지기다. 청지기는 종이다. 종은 헬라어로 '둘로스'다. 종은 3가지 주장을 포기해야 한다.

첫째는 소유권이 없다. 종에게는 소유권이 없다. 종은 내 것이 없다. 아무리 열심히 일해서 벌어도 모든 것은 주인의 것이다. 우리 인생도 마찬가지다. 내가 가진 것이나 내가 이루어 놓은 것들은 사실 내 것이 아니다. 인생의 주인되신 하나님의 것이라는 것을 잊어서는 안된다.

두 번째는 생명권이 없다. 나의 생명이 내 것 같지만 내 것이 아니다. 나에게 주어진 시간도 내 것 같지만 인생의 주인되신 우리 주님이 다 내려놓고 오라 하시면 천하장사라도 내려놓고 가야한다. 권세있는 대통령이나 돈 많은 재벌, 건강한 사람이나 병든 사람 할 것 없이 그 어떤 인생도 큰 소리 칠 것

없다. 교만할 것 없다.

세 번째는 종은 자유권이 없다. 종은 자유가 없다. 내 마음대로 행동하고 살수 없다. 주인의 허락 없이는 한 가지도 결정 할 수 없고 단 한 발자국도 움직일 수 없다.

우리 인생도 주인 되신 하나님의 허락이 없이는 한 가지도 결정할 수 없고 단 한 발자국도 움직일 수 없다. 우리는 주님의 종이기에 주인 되신 주님의 음성에 귀 기울이고 그 명령에 순종하여 명령 따라 살아야 한다. 성도는 하나님으로부터 사명을 받은 청지기임을 알아야 한다. 그래서 맡은 자는 오직 충성 할 뿐이다.

충성이란? 하나님이 지시하신 명령 그래도 하는 것이다. 그런 사람에게 하나님은 은혜를 주시고 축복하신다. 하나님의 말씀에 순종에서 방주를 지었던 노아의 여덟 식구는 모두 구원을 받았다. 사르밧 과부는 하나님의 종 엘리야의 말에 순종하므로 3년 6개월의 가뭄 속에서도 쌀통에 쌀이 떨어지지 아니하고 기름병에 기름이 마르지 않고 물통에 물이 마르지 않는 복을 받았다. 하나님은 순종하는 자를 돌보시고 축복하신다.

(시 37편 25절~26절) 내가 어려서부터 늙기까지 의인이 버림을 당하거나 그의 자손이 걸식함을 보지 못하였도다 그는 종일토록 은혜를 베풀고 꾸어 주니 그의 자손이 복을 받는

도다

하나님은 주를 위해 헌신하는 성도들에게 반드시 역사하시고 도와주시고 축복하신다. 요나는 니느웨로 가라는 명령을 거역하고 다시스로 도망하다가 물고기 뱃 속에 들어가는 환난을 만나고 어려움을 당했으나 결국 하나님으로부터 받는 사명을 수행 할 수 밖에 없었다.

(애 4장16절) 여호와께서 노하여 그들을 흩으시고 다시는 돌보지 아니하시리니

미국 뉴욕 베들레헴 교회 박목사님이 서울에서 목회 아실 때의 일이다. 그 교회에서 신앙생활을 충실하게 하는 세 자매가 있었다. 세례를 받은 지 몇 년이 지나고 자격이 되어서 서리집사를 임명받았다. 신년 첫 주일 낮에 임명을 하고 저녁 예배 때 목사님이 강단에 올라와 보니 임명장 세 개가 놓여 있었다. 이름을 보니 요즘 교회 여전도회에서 열심히 충성하는 세 자매들이었다. 예배 후 목양실로 불렀다.

"왜 임명장을 강대상 위에 올려놨습니까?"

"목사님 죄송해요. 저희들은 도저히 집사 자격이 없어요. 그냥 이대로 놔두세요. 저희는 평신도로 자유롭게 봉사하고 싶어요"

목사님은 "서리집사도 평신도라는 것을 모릅니까?"라고 하자 "그래도 집사가 되면 다른 사람들에게 모범이 되어야 하잖아요. 자신이 없어요."

구속받는 생활을 하고 싶지 않다는 것이다. 몇 번 권면해도 안 하겠다는 의지를 굽히지 않았다.

그런데 얼마 지나지 않아 사정들이 생겨 서울을 떠나게 됐다. 한 자매는 남편이 직장에서 좌천되어서 전근을 갔다. 또 한 자매는 시어머니와 사이가 좋지 않아서 친정이 있는 고향으로 내려갔다. 또 한 자매는 남편이 중소기업을 운영 하는데 부도를 맞았다. 그래서 그렇게 친하던 그들이 뿔뿔이 헤어졌다.

2~3년이 지난 후 어느날 갑자기 그들 세 자매가 목사님을 찾아왔다. 어떻게 지내느냐 물었더니

"목사님, 그 고귀한 직분을 받았음에도 불구하고 집사 임명장을 던져놓은 것이 얼마나 후회가 되었는지 몰라요. 비록 몸은 떠나 있지만 늘 기도해요. 본 교회에 충성 할 때가 너무너무 그리워요"

하더란다. 그들은 임명장을 내 던진 것을 회개하고 지방에서 가까운 교회에 열심히 출석하며 헌신한다고 했다.

사명은 하나님으로부터 받은 것이므로 누구든지 거역할 수 없다. 거역하면 가정과 사업이 불통하고 모든 삶이 이리저리 흔들리고 요동치게 된다. 그리스도인은 이 땅의 생명이 다해

서 죽는 것이 아니라 사명이 다 하면 죽는 것이다. 내가 이 세상에 살면서 할 일이 있다는 것이 얼마나 감사한 일인지 아십니까? 자신을 돌아보십시오. 하나님이 주신 은혜가 얼마나 많습니까. 하나님이 내게 주신 직분이 때로는 힘들고 귀찮아도 그것이 나를 살리고 붙들어 주는 축복이 될 수 있음을 알아야 한다.

(눅 19장 17절) 주인이 이르되 잘 하였다. 착한 종이여 네가 지극히 작은 것에 충성하였으니 열 고을 권세를 차지하리라
(계 22장 12절) 보라 내가 속히 오리니 내가 줄 상이 내게 있어 각 사람에게 그가 행한 대로 갚아 주리라

여러분 하늘 나라에 무엇을 저축하셨습니까? 예수님처럼 세례요한과 사도 바울처럼, 사명에 정착하는 것을 배워야 한다. 성도는 나에게 맡겨주신 사명에 정착함으로 충성된 일꾼이 되어야 한다.

(행 20장 24절) 내가 달려갈 길과 주 예수께 받은 사명 곧, 하나님의 은혜의 복음을 증언하는 일을 마치려 함에는 나의 생명조차 조금도 귀한 것으로 여기지 아니하노라

태풍이 불고 번개가 치고 폭풍우가 쏟아지던 어느 날 길가

에 서 있던 큰 가로수 나무가 뿌리째 뽑혀 쓰러져 있는 것을 보았다. 그런데 그 주변에 있는 나무들은 작던지, 크던지. 잘 생겼던지 못생겼던지 그대로 서 있었다. 그런데 어째서 그 아름드리 크고 멋진 나무만 쓰러졌을까요?

가까이 가서 보니 이유인즉 그 나무는 겉으로 보기에는 웅장하고 좋게 보였지만 그 뿌리가 깊이 내리지 않았고 뿌리가 썩고 약하기 때문에 결국 비바람이 몰아치자 제 몸을 가누지 못하고 쓰러지고 만 것이다. 나무는 줄기가 곧고 가지가 잘 뻗고 잎이 아름다워야 하지만 그보다 먼저 뿌리가 깊고 튼튼해야 한다. 그래야 비바람이 몰아쳐도 쓰러지지 않고 견딜 수 있다. 아무리 겉모양이 보기에 좋고 웅장해도 뿌리가 약하거나 썩으면 결국 쓰러지고 마는 것이다.

그렇다. 부평초같이 바람 부는 대로 물결치는 대로 떠내려 가는 신앙이 되어서는 안된다. 신앙의 뿌리를 깊이 내려야 한다. 교회 안에 깊이 내리고 살아야 한다. 하나님 안이 믿음의 뿌리를 깊이 내리고 내 복음관에 정착하고 내 교회관, 내 목자관, 내 가정관, 내 사명관에 정착하는 정착 신앙이 되어야 한다. 그래야 흔들림이 없다. 하나님의 축복을 받는다. 남다른 은혜를 받고 내 영혼이 잘 되고 범사가 잘 되고 강건한 축복을 받게 되는 것이다.

(사 26장 3절) 주께서 심지가 견고한 자를 평강하고 평강하

도록 지키시리니 이는 그가 주를 신뢰함이니이다

사랑하는 성도 여러분 신앙의 뿌리를 깊게 내려서 쓰러지지 않고 흔들리지 말고 굳건하게 서서 인생의 좋은 열매를 맺고 승리하는 신앙생활로 하나님께 크게 영광 돌리고 복된 인생을 사시기를 축원한다.

비싼 수업료를 지불 한 인생 수업

2009년 6월. 삼양사에서 정년이 돼 퇴직했다. 이 후 지금까지 아이들을 학원에 등 하원 시키는 일을 하고 있다. 프리랜서로 한 곳에 소속되어 있지 않고 자유롭게 일한다. 차량 운행을 시작 한지 십 이년이 지난 얼마 전, 2021년 4월 23일 오후 4시쯤 사고가 났다.

인천 서구 청라의 한 사거리에서 자전거와 부딪히는 사고였다. 직진 신호에서 우회전을 기다리는 중이었다. 사람들이 다 건넌 건널목을 지나는데 차 후미에 자전거가 부딪혀 넘어졌다. 경미한 충돌이라 알지 못했는데 차 안에 함께 타고 있던 도우미 선생님이 급히 나를 부르며 뒤에 아이가 넘어져 있다고 했다. 놀란 마음에 차를 세우고 나가보니 한 어린아이가 넘어진 자전거를 일으켜 세우더니 끌고 가는것이 아닌가. 얼른 가서 아이를 잡고 물었다.

　괜찮니?

　네. 괜찮아요.

　어쩌다 그랬어?

　차에 부딪쳐 넘어 졌어요.

　어디 살아?

　저 건너편 아파트에 살아요.

　몇 학년이야?

　4학년이요.

　정말 아픈 곳 없이 괜찮은 거야?

　네 괜찮아요.

　놀란 마음을 쓸어내리며 아이의 몸과 자전거를 살펴보았다. 다행스럽게 넘어진 아이는 쓸린 곳도, 피 나는 곳도 없이 괜찮았고 자전거도 휘어지거나 망가진 곳 없이 멀쩡했다. 시간에 맞춰 학원 차를 운행해야 하니 아이를 보내고 다시 차에 올랐다. 정말 큰 실수였다. 아무 조치 없이 그냥 차에 올라 바삐 운전대를 잡은 일 말이다.

　내 연락처를 주거나 넘어진 아이 보호자의 연락처라도 받았더라면, 아니 바로 경찰에 신고 했더라면 좋았을 텐데 경험이 전혀 없었다. 그냥 아이를 보내고 차에 오른 것이다.

　5월 중순, 사고가 잊혀 질 때 쯤 경찰로부터 연락이 왔다. 아이가 탄 자전거와 부딪힌 일이 있었느냐는 질문을 했다. 그런 일이 있었기에 있었다고 대답했다. 대답을 하니 다시 연락을 하면 와서 수사에 협조를 하라고 했다.

내 잘못이 없었다고 생각했기 때문에 그렇게 하겠다고, 알겠다고 했다. 5월 20일로 날을 정하고 경찰서를 찾았다. 조사관과 마주 앉아 질문에 대답하는 형식으로 조사를 받았다.

'보호 미 조치'

생전 처음 듣는 단어다. 이 보호 미 조치가 나의 죄명이었다. 게다가 도주치상의 혐의도 더해 질수 있단다. 뺑소니 혐의도 더해질 수 있다는 말이다.

뺑소니라니!!

내가 뺑소니범이라고? 이때까지 누구 한 사람 피해 주지 않고 살아왔는데 뺑소니범이라고? 누구에게 상해를 입히고 도망간 사람만 뺑소니범이라고 알고 있었는데 보호 미 조치 행위도 뺑소니범이 될 수 있다는 사실에 너무 놀랐다.

아이가 다치지 않았고 무엇보다 내가 친 것이 아니라 그 아이가 내 차를 친 것임에도 말이다. 그게 어느 나라 법이냐고 따졌다. 무슨 법이 이렇게 이상하냐고. 그랬더니 피해자인 아이의 어머니가 신고를 했단다. 전치 2주의 진단을 받았다고 했다. 아이가 다치지 않은 것을 확인했는데 전치 2주의 진단이 맞는 거냐하니 깜짝 놀랐다는 말만 해도 안정을 찾기까지 기간을 계산 해 2주 진단은 나온단다.

그러니까 2주 진단의 사실은 피할 수 없다고 한다. 무슨 그런 말도 안 되는 법이 있냐고 화를 냈더니 국회 가서 이야기 하라고, 경찰 팀원들과 상의해서 적용 여부를 통보 하겠다고 했다. 연락을 받으면 운전면허증을 가지고 꼭 나오라는 다짐 을 여러 번 받고서야 경찰서를 나올 수 있었다. 약속을 했으니 가긴 가야 하는데 매일 걱정이 이만저만이 아니었다.

일주일 정도 지나고 경찰에서 연락이 왔다. 운전면허증을 가지고 경찰서로 향했다. 면허증을 받아 든 수사관의 입에서 청천벽력 같은 말이 떨어졌다. 우선 운전면허를 3년 동안 취 소하고, 도주치상 혐의가 인정되어 검찰로 송치가 된다는 이 야기였다. 운전면허를 취소한다니! 그게 선량한 시민을 위하 는 법이냐고 물으니 판례가 그렇다고 하면서 서둘러 피해자 와 합의를 하라고 했다. 합의를 하면 처벌이 가벼워진다나. 아 이 보호자의 연락처를 받고 통화를 했다.

'제가 경험이 없어서 마음 고생을 시켰으니 깊이 사과 드립 니다. 용서 하십시오.'

40대 초반으로 보이는 아이의 어머니는 이렇게 사과를 받 으니 마음이 편해 졌다며 대화에 협조적이었다. 경찰에서 합 의를 하라고 하니 합의 하기를 원한다는 의사를 전했다. 그랬 더니 그분께서 합의라는 것이 금품을 주고 받는 것인데 정가 가 있는 것이 아니니 보험 처리 하는 것이 어떠냐 물었다. 그 렇게 하기로 하고 보험사에 사고를 접수했다. 그 후에 변호사 사무실과 법무사를 방문 해 상담을 했더니 형사 합의를 하라는 것이 아닌가. 그래야 처벌이 가벼워진다면서 말이다.

그때까지 형사 합의라는 것이 무엇인지 몰랐던 나는 당황스러웠다. 그러나 그 해 하나님께서 내게 주신 말씀, 출애굽기 23장 20절 말씀을 떠올렸다.

"내가 사자를 네 앞서 보내어 길에서 너를 보호하여 너를 내가 예비한 곳에 이르게 하리니"

아멘! 그 말씀을 붙잡고 기도했다. 그리고 아이의 어머니를 만나러 기다리는 중에 연락을 받았다. 합의서 내용을 톡으로 보내 달라는 전화였다. 그래서 변호사 보내 준 형식을 보냈더니 그렇게 까지는 어렵고 자기가 양식을 보내준다고 했다.

모두 2장인데 살펴보니 한 장은 교통사고 형사 합의서, 다른 한 장은 채권 양도 통지서였다. 나는 아이가 크게 다치지 않았는데 그렇게 까지 해야 할 필요가 있느냐 물었다. 그랬더니 아이의 어머니가 그렇다면 합의할 의사가 없는 것으로 알겠다며 전화를 끊겠다고 했다. 다시는 연락 하지 말라는 말과 함께.

괘씸하기가 이루 말 할 수 없었다. 혹시 전문적으로 돈을 뜯어내는 사람이 아닌가! 마음이 몹시 무거웠다. 편치 않았다. 어느 변호사는 무혐의 처리를 받을 수 있다고도 하고 다른 변호사는 무조건 합의를 해야 한다고도 했다. 몹시 복잡한 마음뿐이었다.

"하나님 무엇을 가르치시려고 이런 고통을 주시나요? 하나님의 뜻을 기다리겠습니다."

임시 운전면허증의 기한은 7월 15일 까지였다. 이 날까지 문제가 해결되지 않으면 하나님께서 내게 다른 일을 시키시려고 준비하는 것으로 알겠다 다짐했다. 학원에서도 내가 일을 못 하게 되면 다른 대책을 세워야 하기에 수시로 진행 상황을 물었다. 그때마다 6월 말까지 확실하게 입장을 정리하겠다고 대답했다. 그러면서 검찰의 기소유예 판결이 나기를 기도하고 또 기도했다. 담임 목사님과 가족들, 지인들에게도 기도를 부탁했다.

그런데 그 과정에서 아들과 딸이 피해자와 만나 3백만원을 주고 형사 합의를 한 것을 알았다. 그 무렵 검찰에서 보완 수사를 위해 경찰로 서류를 되돌려 보냈고 경찰에서는 최종 혐의없음 판정을 받았다. 면회 취소가 철회되고 벌금 없이 벌점 15점으로 종결 처리가 됐다.

모든 것이 하나님의 은혜다. 하나님께서 김지윤 검사의 마음을 움직이셨음을 믿는다. 담당 조사관의 정의로운 마음을 주께서 확고하게 세워 주셨다. 3백만원이라는 큰 돈을 잃었지만 매일 운전 하면서도 몰랐던 사실을 알았다. 이 사실을 알게 하시려고 수업료를 지불하게 하셨나보다. 세상에는 이런 사람들도 있구나!

왜 이 내용을 이곳에 적느냐? 다른 이들에게 도움을 드리고자 하는 마음에서다. 보호 미 조치와 같은 사건. 이와 비슷한

사건을 겪으면 첫 번째, 무조건 자신의 연락처를 상대에게 건
네십시오. 두 번째 피해자의 보호자와 반드시 통화하십시오.
그리고 마지막으로 24시간 안에 경찰이나 보험사에 신고하
십시오. 감사합니다.